특 허 증
CERTIFICATE OF PATENT

특 허 제 0525479 호   출원번호 (APPLICATION NUMBER)   제 2003-0063714 호
(PATENT NUMBER)

출 원 일 (FILING DATE:YY/MM/DD)   2003년 09월 15일

등 록 일 (REGISTRATION DATE:YY/MM/DD)   2005년 10월 25일

발명의명칭 (TITLE OF THE INVENTION)
     한자학습교재

특허권자 (PATENTEE)
     김영준(450117-1******)
     경기도 성남시 중원구 상대원1동 152-3 삼익아파트 102-508

발명자 (INVENTOR)
     김영준(450117-1******)
     경기도 성남시 중원구 상대원1동 152-3 삼익아파트 102-508

위의 발명은 「특허법」에 의하여 특허등록원부에 등록
되었음을 증명합니다.
(THIS IS TO CERTIFY THAT THE PATENT IS REGISTERED ON THE REGISTER OF THE KOREAN
INTELLECTUAL PROPERTY OFFICE.)

2005년 10월 25일

COMMISSIONER, THE KOREAN INTELLECTUAL PROPERTY OFFICE

저자 약력

· 남원 서당 南軒 吳奎烈 선생 師事
· 판소리 蓮堂 文孝心, 東丘 金二坤 선생 師事
· 고려대학교 교육대학원 CEO 최고위과정 수료
· 발명특허 한자학습교재 개발 (특허 제 0525479호)
· 발명특허 한자학습교재 개발 (특허 제 0615680호)
· 경기 성남 금상초등학교, 성남초등학교 특기적성교사
· 통일부 하나원, 성남문화원, 서현문화의집 강사
· 건국대학교, 한국능률협회, CBS교육문화센터 강사
· (사)한중문자교류협회・한중상용한자능력검정회장
· 한국한자학습개발원 원장

특허받은 쉬운한자 검정대비를 위한-
초등한자 ④ 5급Ⅱ -400자-

2022년11월 30일 제판 6쇄 인쇄
2024년 1월 10일 제판 7쇄 발행

엮은이 김 영 준
펴낸이 박 종 수
펴낸곳 태평양저널
주　　소 서울특별시 영등포구 신길동 337
전　　화 02) 834-1806
팩　　스 02) 834-1802
등　　록 1991년 5월 3일(제03-00468)

※ 본 교재는 저작권 등록 및 특허 등록된 저작물입니다.
　무단복제를 금하며 동일유사하게 모방하는 행위는
　법의 저촉을 받습니다.

　잘못 만들어진 책은 바꾸어 드립니다.

ISBN 89-9064233-7

정　　가　8,000원

- 차 례 -

이 책의 특징 ···	4
머 리 말 ···	5
본 교재의 교수 학습방법 ·································	6
7급 (100자) 훈,음,표 ···································	7
6급 (200자) 훈,음,표 ···································	9
6급 (300자) 훈,음,표 ···································	11
5급Ⅱ(350자) 훈,음,표 ··································	13
5급Ⅱ(400자) 훈,음,표 ··································	15
사자성어 익히기 ···	17
본 교재의 학습방법 및 학습순서 ·····················	19
5급Ⅱ(1) 한자의 훈과 음 쓰기 ························	21
예상문제 및 정답 ·······························	27
5급Ⅱ(2) 한자의 훈과 음 쓰기 ························	33
예상문제 및 정답 ·······························	39
5급Ⅱ(3) 한자의 훈과 음 쓰기 ························	45
예상문제 및 정답 ·······························	51
5급Ⅱ(4) 한자의 훈과 음 쓰기 ························	57
예상문제 및 정답 ·······························	63
5급Ⅱ(5) 한자의 훈과 음 쓰기 ························	69
예상문제 및 정답 ·······························	75
5급Ⅱ(6) 한자의 훈과 음 쓰기 ························	81
예상문제 및 정답 ·······························	87
5급Ⅱ(7) 한자의 훈과 음 쓰기 ························	93
예상문제 및 정답 ·······························	99
5급Ⅱ(8) 한자의 훈과 음 쓰기 ························	105
예상문제 및 정답 ·······························	111
5급Ⅱ(9) 한자의 훈과 음 쓰기 ························	117
예상문제 및 정답 ·······························	123
5급Ⅱ(10) 한자의 훈과 음 쓰기 ······················	129
예상문제 및 정답 ·······························	135
사자소학 ··	140
6급(1) 기출·예상문제 및 정답 ·······················	141
6급(2) 기출·예상문제 및 정답 ·······················	145
6급(3) 기출·예상문제 및 정답 ·······················	149
6급(4) 기출·예상문제 및 정답 ·······················	153
6급(5) 기출·예상문제 및 정답 ·······················	157
부수자(部,首,字)-214자 일람표 ·····················	161

이 책의 특징

1. 본문을 한자의 ① 훈음 ② 독음 ③ 한자어의 뜻으로 간결하게 구성하여, 한자의 삼요소(三要素)를 효과적으로 익힐 수 있도록 하였다.

2. 본문의 '이고요' 부분에는 새로 나온 한자의 훈 음과 독음을 적어 놓았고, '입니다' 부분에는 이전에 배운 한자로 조어(造語)된 낱말의 뜻을 간명하게 설명하여 국어의 정확한 뜻을 확실하게 알 수 있도록 하였다.

3. 효과적인 학습전략으로 10자를 익힌 후 곧바로 한자능력검정시험 유형의 '예상문제' 란을 만들어 폭넓은 한자 활용능력을 숙달(熟達) 시키고, 한자능력검정시험에 이력이 나도록 하였다.

4. 특히, 급수에 따른 세분화로 단계별 핵심정리 하였습니다.
   (8급 5단계, 7급 10단계, 6급 15단계, 5급Ⅱ 20단계, 4급Ⅱ 10단계로 구성하였다.)

▶ 漢字는 모든 교과목의 밑거름이다

초등학교 때의 학습능력은 단어실력에 있고, 교과목에 나오는 **낱말의 뜻을 정확하게 이해**하는 것이 관건이므로 한자는 모든 과목의 밑거름이 된다.

▶ 漢字는 학업의 성적을 좌우하는 요소다

고학년으로 올라갈수록 **의미 파악이 힘든 학습용어**가 대거 등장하므로 한자실력이 학업의 성적을 좌우하는 결정적인 요소가 된다.

▶ 漢字는 교육의 성공을 보장받는 지름길이다

초등학교 1학년부터 꾸준히 한자 어휘력을 통하여 기초학력을 튼튼히 다져두는 것이 중등 및 고등 교육의 성공을 보장받는 지름길이다.

▶ 漢字는 개인과 국가의 경쟁력이다

한자를 많이 알면 **한국어, 중국어, 일본어** 등을 잘 할 수 있으므로 개인은 물론 국가경쟁력을 높일 수 있는 강력한 무기이다.

▶ 漢字는 동북아 교류의 디딤돌이다

한자는 **중국과 일본, 대만 등 한자문화권 국가들**과의 정치, 경제, 문화교류에 긍정적인 효과를 낼 수 있는 동북아교류의 디딤돌이다.

머리말

최근 중국이 경제대국으로 급부상하고 중국과의 교역량이 증대되면서 한자교육에 대한 관심이 고조되고 있습니다.

2009년 11월 초등학교 한자교육의 필요성에 대하여 「한국교육과정평가원」의 설문 조사에 의하면 교사 77.3%, 학부모 89.1%가 초등학교 한자교육을 찬성한 것으로 나타나고 있습니다.

중국이 우리나라의 최대 교역국으로 부상하고 동북아 3국이 한자문화권으로 세계경제의 중심역할을 맡고 있는 지금 한자교육은 국가경쟁력의 중요한 요소가 되고 있습니다.

필자는 2,001년부터 성남시 하대원동·단대동 주민자치센터 강사를 시작으로 성남시 금상초등학교·성남초등학교 특기적성교사로 재직하고 있는 오늘에 이르기까지 줄곧 어린이 한자 교육과 함께 학습교재와 교수학습 방법에 대한 연구에 몰두해 왔습니다.

본 교재는 '발명특허 제 0525479호'의 학습교재로, 한자의 ①훈 음, ②독음, ③한자어의 뜻을 7.5조(일곱 자, 다섯 자)의 음조로 간결하게 구성하여, 본문을 동요처럼 읽으며 한자의 삼요소를 효과적으로 익힐 수 있도록 하였습니다.

출판에 앞서 「방과 후 특기적성 한자부」에서 초등학교 어린이들을 대상으로 수년간 한자교육을 해온 결과 아이들이 쉽고 재미있게 학습함으로써, 학생과 학부모들로부터 그 실효를 인정받은 교재입니다.

이 교재가 학생들이 어렵지 않게 공부할 수 있는 학습서로서 초등학교 한자교육 활성화에 도움이 되기를 바랍니다.

2011년 10월 琴丘 金 泳 俊

본 교재의 교수-학습방법

※ 본 교재는 **발명특허** 한자 학습교재로
학습자 스스로 자기주도로 공부할 수 있는 교재이므로
선생님은 지도하기 쉽고, 학생은 어렵지 않게 공부할 수 있는 학습서입니다.

⇨ 학생은 본문 학습·한자 쓰기를 하고, 선생님께 **【읽기점검】**을 한다.

⇨ 교사는 '한자쓰기' 후 오늘 배운 글자를 **【읽기점검】** 하고
   점검일자를 표기한다. 월/일㊞ ※(예: 14쪽 / 305자 加 ~ 客까지)

① (가로로) 훈 음 읽기

加(더할 가) 可(옳을 가) 價(값   가) 改(고칠 개) 客(손   객)

② (거꾸로) 훈 음 읽기

客(손   객) 改(고칠 개) 價(값   가) 可(옳을 가) 加(더할 가)

③ 한자어 읽기

더할 가, 들 입, **가입**   옳을 가, 결단할 결, **가결**   값 가, 격식 격, **가격**

고칠 개, 어질 량, **개량**   손 객, 자리 석, **객석**

④ 배운 글자까지 (세로로) 훈 음 읽기 ※예: 310자 健(굳셀 건)까지 배웠다면?

加(더할 가) 去(갈   거) 可(옳을 가) 擧(들   거) 價(값   가)

件(물건 건) 改(고칠 개) 建(세울 건) 客(손   객) 健(굳셀 건)   월/일㊞

⇨ 교사는 수시로 **【100자 단위로 읽기점검】** 하고
   점검일자를 표기한다. 월/일㊞ ※(예: 12쪽 / 300자) 세로로 훈 음 읽기

美 服 線 勝 野 用 衣 定 淸 幸 朴 本 雪 始 弱 勇 意 庭 體 向
反 部 成 式 藥 運 醫 第 親 現 半 分 省 身 洋 園 者 題 太 形

7급 (100자) 훈음표

* 의 표시는 두 개 이상의 훈 음을 갖고 있는 글자임

一	二	三	四	五	六	七	八	九	十
한 일	두 이	석 삼	넉 사	다섯 오	여섯 륙	일곱 칠	여덟 팔	아홉 구	열 십
日	月	火	水	木	*金	土	寸	女	王
날 일	달 월	불 화	물 수	나무 목	쇠 금 / 성 김	흙 토	마디 촌	계집 녀	임금 왕
人	民	山	外	大	中	小	年	長	門
사람 인	백성 민	메 산	바깥 외	큰 대	가운데 중	작을 소	해 년	긴 장	문 문
青	白	父	母	兄	弟	先	生	教	室
푸를 청	흰 백	아비 부	어미 모	형 형	아우 제	먼저 선	날 생	가르칠 교	집 실
東	西	南	*北	學	校	萬	軍	韓	國
동녘 동	서녘 서	남녘 남	북녘 북 / 달아날 배	배울 학	학교 교	일만 만	군사 군	나라 한	나라 국
家	歌	間	江	*車	工	空	口	記	氣
집 가	노래 가	사이 간	강 강	수레 차 / 수레 거	장인 공	빌 공	입 구	기록할 기	기운 기
旗	男	內	農	答	道	冬	同	*洞	動
기 기	사내 남	안 내	농사 농	대답 답	길 도	겨울 동	한가지 동	골 동 / 밝을 통	움직일 동
登	來	力	老	里	林	立	每	面	名
오를 등	올 래	힘 력	늙을 로	마을 리	수풀 림	설 립	매양 매	낯 면	이름 명
命	文	問	物	方	百	夫	不	事	算
목숨 명	글월 문	물을 문	물건 물	모 방	일백 백	지아비 부	아닐 불	일 사	셈 산
上	色	夕	姓	世	少	所	手	數	市
윗 상	빛 색	저녁 석	성 성	인간 세	적을 소	바 소	손 수	셈 수	저자 시

(100자) ▶ 「세로로 읽기점검」을 하고, 점검일자를 표기한다. 월/일

一	二	三	四	五	六	七	八	九	十
一月	二日	三十	四年	五年	六月	七日	八十	九十	十月
日	月	火	水	木	金	土	寸	女	王
日	月	火	水	木	金	土	四寸	女軍	王室
人	民	山	外	大	中	小	年	長	門
軍人	國民	靑山	外國	大王	中國	小人	學年	長女	校門
靑	白	父	母	兄	弟	先	生	敎	室
靑軍	白軍	父母	母女	長兄	兄弟	先生	生日	敎室	室外
東	西	南	北	學	校	萬	軍	韓	國
東門	西山	南韓	北韓	學校	校長	十萬	國軍	韓國	國土
家	歌	間	江	車	工	空	口	記	氣
家門	校歌	中間	江山	白車	工事	空白	人口	日記	人氣
旗	男	內	農	答	道	冬	同	洞	動
國旗	男女	國內	農土	正答	國道	秋冬	同門	洞民	生動
登	來	力	老	里	林	立	每	面	名
登校	來年	學力	老母	洞里	農林	國立	每日	外面	名山
命	文	問	物	方	百	夫	不	事	算
生命	文人	學問	文物	東方	百萬	農夫	不動	記事	算數
上	色	夕	姓	世	少	所	手	數	市
年上	靑色	七夕	同姓	世上	少女	名所	手記	數年	市長

월/일 ① / ② / ③ / ④ / ⑤ /

6급 (200자) 훈음표

*의 표시는 두 개 이상의 훈음을 갖고 있는 글자임

時	食	植	心	安	語	然	午	右	有
때 시	밥 식	심을 식	마음 심	편안 안	말씀 어	그럴 연	낮 오	오른 우	있을 유
育	邑	入	子	字	自	場	全	前	電
기를 육	고을 읍	들 입	아들 자	글자 자	스스로 자	마당 장	온전 전	앞 전	번개 전
正	祖	足	左	主	住	重	地	紙	直
바를 정	할아비 조	발 족	왼 좌	주인 주	살 주	무거울 중	따 지	종이 지	곧을 직
川	千	天	草	村	秋	春	出	*便	平
내 천	일천 천	하늘 천	풀 초	마을 촌	가을 추	봄 춘	날 출	편할 편 똥오줌 변	평평할 평
下	夏	漢	海	花	話	活	孝	後	休
아래 하	여름 하	한나라 한	바다 해	꽃 화	말씀 화	살 활	효도 효	뒤 후	쉴 휴
各	角	感	強	開	京	界	計	古	苦
각각 각	뿔 각	느낄 감	강할 강	열 개	서울 경	지경 계	셀 계	예 고	쓸 고
高	功	公	共	果	科	光	交	區	球
높을 고	공 공	공평할 공	한가지 공	실과 과	과목 과	빛 광	사귈 교	구분할 구	공 구
郡	近	根	今	急	級	多	短	堂	代
고을 군	가까울 근	뿌리 근	이제 금	급할 급	등급 급	많을 다	짧을 단	집 당	대신할 대
待	對	度	圖	*讀	童	頭	等	*樂	例
기다릴 대	대할 대	법도 도	그림 도	읽을 독 구절 두	아이 동	머리 두	무리 등	즐길 락 노래 악	법식 례
禮	路	綠	利	*李	理	明	目	聞	米
예도 례	길 로	푸를 록	이할 리	오얏 리 성 리	다스릴 리	밝을 명	눈 목	들을 문	쌀 미

(200자) ▶ 「세로로 읽기점검」을 하고, 점검일자를 표기한다. 월/일

時	食	植	心	安	語	然	午	右	有
生時	食間	植木	一心	安心	語文	天然	上午	右手	有力
育	邑	入	子	字	自	場	全	前	電
生育	邑民	入口	父子	文字	自立	市場	全力	事前	電力
正	祖	足	左	主	住	重	地	紙	直
正道	祖父	不足	左手	主力	住所	二重	土地	紙面	直前
川	千	天	草	村	秋	春	出	便	平
山川	千金	天地	草食	農村	立秋	立春	出口	便紙	不平
下	夏	漢	海	花	話	活	孝	後	休
下山	春夏	漢江	海軍	花草	手話	活動	孝女	先後	休日
各	角	感	強	開	京	界	計	古	苦
各國	角木	感動	強國	開校	上京	各界	家計	古物	苦學
高	功	公	共	果	科	光	交	區	球
高級	功名	公正	共同	成果	學科	日光	交代	區別	地球
郡	近	根	今	急	級	多	短	堂	代
郡民	近海	根本	今日	急行	一級	多數	短文	食堂	代金
待	對	度	圖	讀	童	頭	等	樂	例
待命	對話	年度	地圖	讀書	童心	白頭	一等	苦樂	例年
禮	路	綠	利	李	理	明	目	聞	米
禮物	道路	綠色	便利	李花	事理	明白	目前	所聞	白米

월/일 ① / ② / ③ / ④ / ⑤ /

6급 (300자) 훈음표

* 의 표시는 두 개 이상의 훈 음을 갖고 있는 글자임

美	朴	反	半	班	發	放	番	別	病
아름다울 미	성 박	돌이킬 반	반 반	나눌 반	필 발	놓을 방	차례 번	다를 별	병 병
服	本	部	分	死	使	社	書	石	席
옷 복	근본 본	떼 부	나눌 분	죽을 사	부릴 사	모일 사	글 서	돌 석	자리 석
線	雪	成	省	消	速	孫	樹	術	習
줄 선	눈 설	이룰 성	살필 성	사라질 소	빠를 속	손자 손	나무 수	재주 술	익힐 습
勝	始	式	身	信	神	新	失	愛	夜
이길 승	비로소 시	법 식	몸 신	믿을 신	귀신 신	새 신	잃을 실	사랑 애	밤 야
野	弱	藥	洋	陽	言	業	永	英	溫
들 야	약할 약	약 약	큰바다 양	볕 양	말씀 언	업 업	길 영	꽃부리 영	따뜻할 온
用	勇	運	園	遠	由	油	銀	音	飮
쓸 용	날랠 용	옮길 운	동산 원	멀 원	말미암을 유	기름 유	은 은	소리 음	마실 음
衣	意	醫	者	作	昨	章	才	在	戰
옷 의	뜻 의	의원 의	놈 자	지을 작	어제 작	글 장	재주 재	있을 재	싸움 전
定	庭	第	題	朝	族	注	晝	集	窓
정할 정	뜰 정	차례 제	제목 제	아침 조	겨레 족	부을 주	낮 주	모을 집	창 창
淸	體	親	太	通	特	表	風	合	行
맑을 청	몸 체	친할 친	클 태	통할 통	특별할 특	겉 표	바람 풍	합할 합	다닐 행 항렬 항
幸	向	現	形	號	和	畫	黃	會	訓
다행 행	향할 향	나타날 현	모양 형	이름 호	화할 화	그림 화	누를 황	모일 회	가르칠 훈

(300자) ▶「세로로 읽기점검」을 하고, 점검일자를 표기한다. 월/일㉮

美	朴	反	半	班	發	放	番	別	病
美國	朴氏	反省	半分	班長	發明	放學	番號	別室	病苦
服	本	部	分	死	使	社	書	石	席
洋服	本來	部分	分明	病死	使用	社會	書信	石油	出席
線	雪	成	省	消	速	孫	樹	術	習
光線	白雪	成立	自省	消失	速成	後孫	樹木	手術	自習
勝	始	式	身	信	神	新	失	愛	夜
勝戰	始動	正式	身分	信用	神通	新人	失物	愛用	夜間
野	弱	藥	洋	陽	言	業	永	英	溫
野外	弱者	藥草	海洋	夕陽	言行	農業	永遠	英才	溫度
用	勇	運	園	遠	由	油	銀	音	飮
用語	勇者	運動	花園	遠近	由來	注油	銀行	音樂	飮食
衣	意	醫	者	作	昨	章	才	在	戰
衣服	意向	醫術	記者	作家	昨今	文章	天才	在京	交戰
定	庭	第	題	朝	族	注	晝	集	窓
特定	庭園	第一	主題	朝夕	民族	注入	晝夜	集會	窓門
淸	體	親	太	通	特	表	風	合	行
淸算	體育	親交	太古	通話	特色	表現	風習	合意	行動
幸	向	現	形	號	和	畫	黃	會	訓
幸運	向上	現代	形式	番號	平和	名畫	黃金	會同	社訓

월/일㉮ ① / ② / ③ / ④ / ⑤ /

5급 II (350자) 훈 음 표

* 의 표시는 두 개 이상의 훈 음을 갖고 있는 글자임

加	可	價	改	客
더할 가	옳을 가	값 가	고칠 개	손 객
去	擧	件	建	健
갈 거	들 거	물건 건	세울 건	굳셀 건
格	*見	決	結	景
격식 격	볼 견 뵈올 현	결단할 결	맺을 결	별 경
敬	輕	競	固	考
공경 경	가벼울 경	다툴 경	굳을 고	생각할 고
告	曲	課	過	關
고할 고	굽을 곡	과정 과	지날 과	관계할 관
觀	廣	橋	具	救
볼 관	넓을 광	다리 교	갖출 구	구원할 구
舊	局	貴	規	給
예 구	판 국	귀할 귀	법 규	줄 급
己	技	汽	基	期
몸 기	재주 기	물끓는김 기	터 기	기약할 기
吉	念	能	團	壇
길할 길	생각 념	능할 능	둥글 단	단 단
談	當	德	到	島
말씀 담	마땅 당	큰 덕	이를 도	섬 도

(350자) ▶ 오늘 배운 글자를 「읽기점검」하고, 점검일자를 표기한다. 월/일㉮

加	可	價	改	客 305자
加入	可決	價格	改良	客席 /
去	擧	件	建	健 310자
去來	擧行	案件	建物	健實 /
格	*見	決	結	景 315자
規格	見聞	決定	結實	景致 /
敬	輕	競	固	考 320자
敬老	輕量	競爭	固體	考案 /
告	曲	課	過	關 325자
告發	曲線	課業	過勞	關門 /
觀	廣	橋	具	救 330자
觀光	廣野	陸橋	具體	救命 /
舊	局	貴	規	給 335자
舊屋	局地	品貴	規則	給料 /
己	技	汽	基	期 340자
利己	技術	汽船	基本	期約 /
吉	念	能	團	壇 345자
吉凶	念願	能通	團束	文壇 /
談	當	德	到	島 350자
相談	當番	德分	到着	獨島 /

월/일㉮ ① /   ② /   ③ /   ④ /   ⑤ /

5급 II (400자) 훈 음 표

* 의 표시는 두 개 이상의 훈 음을 갖고 있는 글자임

都	獨	落	朗	冷
도읍 도	홀로 독	떨어질 락	밝을 랑	찰 랭
良	量	旅	歷	練
어질 량	헤아릴 량	나그네 려	지날 력	익힐 련
令	領	勞	料	流
하여금 령	거느릴 령	일할 로	헤아릴 료	흐를 류
類	陸	馬	末	亡
무리 류	뭍 륙	말 마	끝 말	망할 망
望	買	賣	無	倍
바랄 망	살 매	팔 매	없을 무	곱 배
法	變	兵	福	奉
법 법	변할 변	병사 병	복 복	받들 봉
比	費	鼻	氷	士
견줄 비	쓸 비	코 비	얼음 빙	선비 사
仕	史	思	査	寫
섬길 사	사기 사	생각 사	조사할 사	베낄 사
産	相	商	賞	序
낳을 산	서로 상	장사 상	상줄 상	차례 서
仙	船	善	選	鮮
신선 선	배 선	착할 선	가릴 선	고울 선

(400자) ▶ 오늘 배운 글자를 「읽기점검」 하고, 점검일자를 표기한다. 월/일㉮

都	獨	落	朗	冷 355자
都市	獨善	落葉	朗讀	冷戰 /
良	量	旅	歷	練 360자
良心	數量	旅行	歷史	訓練 /
令	領	勞	料	流 365자
命令	領海	勞動	料理	流行 /
類	陸	馬	末	亡 370자
種類	陸地	競馬	末年	敗亡 /
望	買	賣	無	倍 375자
野望	買入	賣出	無能	倍加 /
法	變	兵	福	奉 380자
法院	變質	兵法	幸福	奉仕 /
比	費	鼻	氷	士 385자
比等	費用	鼻祖	氷河	名士 /
仕	史	思	査	寫 390자
出仕	史記	思念	調査	寫本 /
産	相	商	賞	序 395자
出産	相通	商業	賞品	順序 /
仙	船	善	選	鮮 400자
神仙	漁船	親善	選舉	新鮮 /

월/일㉮ ① / ② / ③ / ④ / ⑤ /

사자성어 익히기

순	四字成語(사자성어)	네 글자로 이루어진 말 알기
61	別有天地(별유천지)	이 세상과는 다른, 딴 세상
62	不遠千里(불원천리)	천리를 멀다 여기지 않음
63	父子有親(부자유친)	부자지간의 도리는 친함에 있음
64	四面春風(사면춘풍)	동서남북 두루 봄바람
65	山戰水戰(산전수전)	산에서도 싸워보고 물에서도 싸워 봄
66	三十六計(삼십육계)	형편이 불리할 때는 달아나는 것이 상책
67	生老病死(생로병사)	사람이 나고, 늙고, 병들고, 죽는 고통
68	生死苦樂(생사고락)	삶과 죽음, 괴로움과 즐거움
69	時間問題(시간문제)	조만간 저절로 해결될 문제
70	市民社會(시민사회)	개인의 자유·평등·독립이 보장된 사회
71	新聞記者(신문기자)	신문에 실을 자료를 취재하는 사람
72	愛國愛族(애국애족)	나라를 사랑하고 민족을 사랑함
73	野生動物(야생동물)	산이나 들에서 사는 동물
74	年中行事(연중행사)	해마다 정기적으로 하는 행사
75	樂山樂水(요산요수)	자연을 좋아하고 즐김
76	人命在天(인명재천)	사람의 목숨은 하늘에 달려 있다는 말
77	人事不省(인사불성)	사람이 정신을 잃어 의식이 없음
78	人海戰術(인해전술)	많은 병력으로 밀어 붙이는 공격법
79	一口二言(일구이언)	한 입으로 두 말 한다는 뜻
80	一心同體(일심동체)	한 마음 한 몸으로 굳게 단결함

▶ 다음 사자성어를 한자로 쓰고, 뜻을 쓰세요.

순	四字成語(사자성어)	네 글자로 이루어진 말 쓰기
61	별유천지( )	
62	불원천리( )	
63	부자유친( )	
64	사면춘풍( )	
65	산전수전( )	
66	삼십육계( )	
67	생로병사( )	
68	생사고락( )	
69	시간문제( )	
70	시민사회( )	
71	신문기자( )	
72	애국애족( )	
73	야생동물( )	
74	연중행사( )	
75	요산요수( )	
76	인명재천( )	
77	인사불성( )	
78	인해전술( )	
79	일구이언( )	
80	일심동체( )	

본 교재의 학습방법 및 학습순서

1 본문 학습

- 아래와 같이 ◯ 을 그리며 학습한다.

▶ 본문 읽기 : **더할 가**에 **들 입**은 '더할 가. 들 입.' **가입**이고요
　　　　　　속도를 더하는 것 **가속**입니다.

▶ 한자 쓰기 : 필순에 맞게 한자를 쓴다.

▶ 부수 읽기 : **더할 가**의 부수는 **힘 력**

필순 : 丁 力 加 加 加

더할 가에 들 입은 加入이고요
속도를 더하는 것 加速입니다.

2 한자 쓰기

한자쓰기 후 (교사는) 오늘 배운 글자를 「읽기점검」하고 점검 일자를 표기한다.
　① (가로로) 훈 음 읽기
　② (거꾸로) 훈 음 읽기
　③ 한자어 읽기
　④ (세로로) 훈 음 읽기

3 쓰기 복습

4 예상 문제

▶ 다음 본문을 읽고, 필순에 맞게 한자를 쓰세요.

필순 : ㄱ 力 加 加 加

加	부수
더할 가	力 힘 력

더할 가에 들 입은 加入이고요
　　　　　　　　　　가입
속도를 더하는 것 加速입니다.
　　　　　　　　가속

필순 : 一 ㄇ 戸 可 可

可	부수
옳을 가	口 입 구

옳을 가에 결단할 결은 可決이고요
　　　　　　　　　　　　가결
가능하지 않음 不可입니다.
　　　　　　　불가

필순 : 價 價 價 價 價 價 價 價 價 價 價 價 價 價 價

價	부수
값 가	人(亻) 사람 인

값 가에 격식 격은 價格이고요
　　　　　　　　　　가격
상품의 시장 가격 物價입니다.
　　　　　　　　　물가

필순 : 改 改 改 改 改 改 改

政	부수
고칠 개	攴(攵) 칠 복

고칠 개에 어질 량은 改良이고요
　　　　　　　　　　　개량
바르게 고침 改正입니다.
　　　　　　　개정

필순 : 客 客 客 客 客 客 客 客 客

客	부수
손 객	宀 집 면

손 객에 집 실은 客室이고요
　　　　　　　　　객실
손님이 앉는 자리 客席입니다.
　　　　　　　　　객석

④ - 20

▶ 한자의 훈 음을 쓰고, 필순에 맞게 한자를 따라 쓰세요.

加	부수 力	加	加	加		
더할 가					더할 가	더할 가
可	부수 口	可	可	可		
옳을 가					옳을 가	옳을 가
價	부수 人	價	價	價		
값 가					값 가	값 가
改	부수 攴	改	改	改		
고칠 개					고칠 개	고칠 개
客	부수 宀	客	客	客		
손 객					손 객	손 객

▶ 다음 한자어를 쓰고, 낱말의 뜻을 쓰세요.

(1) 가속 (   ) :

(2) 불가 (   ) :

(3) 물가 (   ) :

(4) 개정 (   ) :

(5) 객석 (   ) :

※ 오늘 배운 글자를 선생님께 「읽기점검」 한다 ⇨ 305자

▶ 다음 본문을 읽고, 필순에 맞게 한자를 쓰세요.

필순 : 一 十 土 去 去

지날 과에 갈 거는 過去이고요
　　　　　　　　　　과거
상품을 사고파는 일 去來입니다.
　　　　　　　　　거래

필순 : 擧 擧 擧 擧 擧 擧 擧 擧 擧 擧 擧 擧 擧 擧 擧 擧 擧

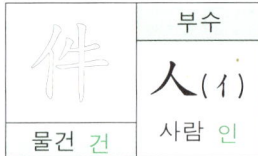

들 거에 손 수는 擧手이고요
　　　　　　　　거수
행사를 치르는 것 擧行입니다.
　　　　　　　　거행

필순 : 丿 亻 亻 仁 伫 件 件

책상 안에 물건 건은 案件이고요
　　　　　　　　　　안건
주목을 받을만한 뜻밖의 일 事件입니다.
　　　　　　　　　　　　사건

필순 : フ ㄱ ㄹ ㅌ ㅌ 聿 聿 建 建

부수: 廴 연이어걸을인
세울 건

세울 건에 물건 물은 建物이고요
　　　　　　　　　　건물
나라를 세우는 것 建國입니다.
　　　　　　　　　건국

필순 : 丿 亻 亻 仁 伫 伫 伊 健 健 健

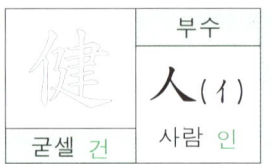

굳셀 건에 열매 실은 健實이고요
　　　　　　　　　　건실
튼튼하고 온전함 健全입니다.
　　　　　　　　건전

▶ 한자의 훈 음을 쓰고, 필순에 맞게 한자를 따라 쓰세요.

去 갈 거	부수 厶	去	去	去	갈 거	갈 거
擧 들 거	부수 手	擧	擧	擧	들 거	들 거
件 물건 건	부수 人	件	件	件	물건 건	물건 건
建 세울 건	부수 廴	建	建	建	세울 건	세울 건
健 굳셀 건	부수 人	健	健	健	굳셀 건	굳셀 건

▶ 다음 한자어를 쓰고, 낱말의 뜻을 쓰세요.

(1) 거래 (　　　):

(2) 거행 (　　　):

(3) 사건 (　　　):

(4) 건국 (　　　):

(5) 건전 (　　　):

※ 오늘 배운 글자를 선생님께 「읽기점검」 한다 ⇨ 310자

▶ 다음 한자의 훈과 음을 쓰고, 한자를 따라 쓰세요.

衣	意	醫	者	作
昨	章	才	在	戰
定	庭	第	題	朝
族	注	晝	集	窓
淸	體	親	太	通
特	表	風	合	行
幸	向	現	形	號
和	畵	黃	會	訓
加	可	價	改	客
去	擧	件	建	健

▶ 다음 한자의 훈과 음에 맞는 한자를 쓰세요.

옷 의	뜻 의	의원 의	놈 자	지을 작
어제 작	글 장	재주 재	있을 재	싸움 전
정할 정	뜰 정	차례 제	제목 제	아침 조
겨레 족	부을 주	낮 주	모을 집	창 창
맑을 청	몸 체	친할 친	클 태	통할 통
특별할 특	겉 표	바람 풍	합할 합	다닐 행
다행 행	향할 향	나타날 현	모양 형	이름 호
화할 화	그림 화	누를 황	모일 회	가르칠 훈
더할 가	옳을 가	값 가	고칠 개	손 객
갈 거	들 거	물건 건	세울 건	굳셀 건

▶ 다음 한자어의 독음을 쓰고, 한자어를 따라 쓰세요.

健	全	建	國	事	件	擧	行
去	來	客	席	改	正	物	價
不	可	加	速	健	實	建	物
案	件	擧	手	過	去	客	室
改	良	價	格	可	決	加	入

▶ 다음 독음에 맞는 한자어를 쓰세요.

건	전	건	국	사	건	거	행
거	래	객	석	개	정	물	가
불	가	가	속	건	실	건	물
안	건	거	수	과	거	객	실
개	량	가	격	가	결	가	입

5급Ⅱ(1) 예상문제   월 일 / 확인

❶ 다음 漢字語의 讀音을 쓰세요.

1) 健全 (　　) 2) 建國 (　　)

3) 事件 (　　) 4) 擧行 (　　)

5) 去來 (　　) 6) 客席 (　　)

7) 改正 (　　) 8) 物價 (　　)

9) 不可 (　　) 10) 加速 (　　)

11) 健實 (　　) 12) 建物 (　　)

13) 案件 (　　) 14) 擧手 (　　)

15) 過去 (　　) 16) 客室 (　　)

17) 改良 (　　) 18) 價格 (　　)

19) 可決 (　　) 20) 加入 (　　)

❷ 다음 漢字의 訓과 音을 쓰세요.

21) 加 (　　) 22) 價 (　　)

23) 客 (　　) 24) 擧 (　　)

25) 建 (　　) 26) 可 (　　)

27) 改 (　　) 28) 去 (　　)

29) 件 (　　) 30) 健 (　　)

❸ 다음 밑줄 친 漢字語를 漢字로 쓰세요.

31) 속도를 더하는 것이 <u>가속</u>이다. ·················· (　　　)
32) 최선의 노력을 다하면 <u>불가</u>능이란 없다. ···· (　　　)
33) 요즈음 <u>물가</u>가 많이 올랐다. ·················· (　　　)
34) 잘못된 법규는 <u>개정</u>해야 한다. ················ (　　　)
35) <u>객석</u>에서 박수소리가 터져 나왔다. ·········· (　　　)
36) 중국과의 무역 <u>거래</u>가 늘어나는 추세다. ···· (　　　)
37) 8.15 광복절 행사가 <u>거행</u>되었다. ············· (　　　)
38) 강도<u>사건</u>이 일어났다. ·························· (　　　)
39) 이성계는 조선을 <u>건국</u>하였다. ················ (　　　)
40) 신앙생활을 하며 <u>건전</u>하게 살고 있다. ······· (　　　)

❹ 다음 訓과 音에 맞는 漢字를 쓰세요.

41) 각각 각 (　　　)　　42) 아름다울 미 (　　　)
43) 서울 경 (　　　)　　44) 필　발 (　　　)
45) 높을 고 (　　　)

❺ 다음 漢字와 뜻이 상대 또는 反對되는 漢字를 쓰세요.

46) 客 (　　) ① 苦　② 主　③ 反　④ 長
47) 去 (　　) ① 別　② 家　③ 生　④ 來

5급Ⅱ(1) 예상문제   월 일 / 확인

❻ 다음 (   )안에 들어갈 漢字語를 아래에서 찾아 그 번호를 쓰세요.

① 圖生   ② 動物   ③ 工業   ④ 道路   ⑤ 敎育

48) 家內(   ) : 집안에서 생산하는 수공업
49) 家庭(   ) : 가정에서 받는 교육
50) 各自(   ) : 각자 살 방법을 꾀함

❼ 다음 漢字와 뜻이 같거나 비슷한 漢字를 아래에서 찾아 그 번호를 쓰세요.

① 共   ② 合   ③ 家   ④ 木   ⑤ 路

51) 室 (   )   52) 道 (   )
53) 樹 (   )

❽ 다음 漢字와 음은 같은데 뜻이 다른 漢字를 아래에서 찾아 그 번호를 쓰세요.

① 擧   ② 家   ③ 邑   ④ 郡   ⑤ 建

54) 加 (   )   55) 去 (   )
56) 件 (   )

9 다음 漢字語의 뜻을 쓰세요.

57) 加速 :

58) 改正 :

59) 建國 :

10 다음 漢字의 略字(약자 : 획수를 줄인 漢字)를 쓰세요.

① 教　② 学　③ 国　④ 気　⑤ 万

60) 敎 (　　　)　　　61) 國 (　　　)

62) 萬 (　　　)

11 다음 한자의 ㉠획은 몇 번째 쓰는지 아래에서 찾아 그 번호를 쓰세요.

① 첫 번째　② 두 번째　③ 세 번째　④ 네 번째
⑤ 다섯 번째　⑥ 여섯 번째　⑦ 일곱 번째　⑧ 여덟 번째
⑨ 아홉 번째　⑩ 열 번째　⑪ 열한 번째　⑫ 열두 번째

(63) 加 (　　)　(64) 改 (　　)　(65) 建 (　　)

5급Ⅱ(1) 예상문제 정답

1	건전	23	손 객	45	高
2	건국	24	들 거	46	主
3	사건	25	세울 건	47	來
4	거행	26	옳을 가	48	③
5	거래	27	고칠 개	49	⑤
6	객석	28	갈 거	50	①
7	개정	29	물건 건	51	③
8	물가	30	굳셀 건	52	⑤
9	불가	31	加速	53	④
10	가속	32	不可	54	②
11	건실	33	物價	55	①
12	건물	34	改正	56	⑤
13	안건	35	客席	57	속도를 더하는 것
14	거수	36	去來	58	바르게 고침
15	과거	37	擧行	59	나라를 세우는 것
16	객실	38	事件	60	敎
17	개량	39	建國	61	国
18	가격	40	健全	62	万
19	가결	41	各	63	①
20	가입	42	美	64	⑤
21	더할 가	43	京	65	⑦
22	값 가	44	發		

▶ 다음 본문을 읽고, 필순에 맞게 한자를 쓰세요.

필순 : 一 十 才 木 木 朴 杦 柊 格 格

格	부수
격식 격	木 나무 목

법 규에 **격식 격**은 規格이고요
　　　　　　　　　　　　규격
교훈이 될만한 짧은 말 格言입니다.
　　　　　　　　　　　격언

필순 : 丨 冂 冂 日 目 目 見 見

見	부수
볼 견	見 볼 견

볼 견에 **들을 문**은 見聞이고요
　　　　　　　　　　　　견문
눈으로 보고 배움 見學입니다.
　　　　　　　　　견학

필순 : 丶 冫 冫 冫 江 汁 決

決	부수
결단할 결	水(氵) 물 수

결단할 결에 **정할 정**은 決定이고요
　　　　　　　　　　　　　결정
마음을 결정함 決心입니다.
　　　　　　　결심

필순 : 乙 幺 幺 乡 糸 糸 紅 紂 結 結 結

結	부수
맺을 결	糸 실 사

맺을 결에 **열매 실**은 結實이고요
　　　　　　　　　　　　결실
합쳐서 하나 됨 結合입니다.
　　　　　　　　결합

필순 : 丨 冂 日 旦 昌 里 昙 景 景 景 景 景

景	부수
볕 경	日 해 일

볕 경에 **이를 치**는 景致이고요
　　　　　　　　　　　경치
눈 내리는 경치 雪景입니다.
　　　　　　　　설경

▶ 한자의 훈 음을 쓰고, 필순에 맞게 한자를 따라 쓰세요.

格	부수 木	格	格	格		
격식 격					격식 격	격식 격
見	부수 見	見	見	見		
볼 견					볼 견	볼 견
決	부수 水	決	決	決		
결단할 결					결단할 결	결단할 결
結	부수 糸	結	結	結		
맺을 결					맺을 결	맺을 결
景	부수 日	景	景	景		
볕 경					볕 경	볕 경

▶ 다음 한자어를 쓰고, 낱말의 뜻을 쓰세요.

(1) 격언 (　　　):

(2) 견학 (　　　):

(3) 결심 (　　　):

(4) 결합 (　　　):

(5) 설경 (　　　):

※ 오늘 배운 글자를 선생님께 「읽기점검」 한다 ⇨ 315자

▶ 다음 본문을 읽고, 필순에 맞게 한자를 쓰세요.

필순 : 敬 敬 敬 敬 艹 艻 芍 苟 苟 苟 苟 敬

敬	부수
공경 경	攵(攴) 칠 복

공경 경에 늙을 로는 敬老이고요
_{경로}
존경하여 높임 말 敬語입니다.
_{경어}

필순 : 輕 輕 市 甫 亘 車 車 軒 軒 輕 輕 輕 輕

輕	부수
가벼울 경	車 수레 차

가벼울 경에 헤아릴 량은 輕量이고요
_{경량}
가벼움과 무거움 輕重입니다.
_{경중}

필순 : 競 競 競 競 竞 产 音 音 音 竟 竞 竞 竞 竞 竞 競 競 競

競	부수
다툴 경	立 설 립

다툴 경에 다툴 쟁은 競爭이고요
_{경쟁}
서로 맞서 겨룸 競合입니다.
_{경합}

필순 : 丨 冂 冂 円 囝 固 固 固

固	부수
굳을 고	口 에워쌀 위

굳을 고에 몸 체는 固體이고요
_{고체}
본디 지니고 있는 것 固有입니다.
_{고유}

필순 : 一 十 土 耂 考 考

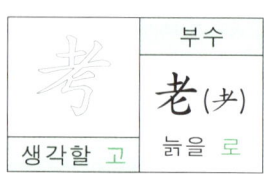

考	부수
생각할 고	老(耂) 늙을 로

생각할 고에 책상 안은 考案이고요
_{고안}
생각하고 궁리함 思考입니다.
_{사고}

④ - 34

▶ 한자의 훈 음을 쓰고, 필순에 맞게 한자를 따라 쓰세요.

敬	부수 攴	敬	敬	敬		
공경 경					공경 경	공경 경
輕	부수 車	輕	輕	輕		
가벼울 경					가벼울 경	가벼울 경
競	부수 立	競	競	競		
다툴 경					다툴 경	다툴 경
固	부수 口	固	固	固		
굳을 고					굳을 고	굳을 고
考	부수 老	考	考	考		
생각할 고					생각할 고	생각할 고

▶ 다음 한자어를 쓰고, 낱말의 뜻을 쓰세요.

(1) 경어 (   ):

(2) 경중 (   ):

(3) 경합 (   ):

(4) 고유 (   ):

(5) 사고 (   ):

※ 오늘 배운 글자를 선생님께 「읽기점검」 한다 ⇨ 320자

▶ 다음 한자의 훈과 음을 쓰고, 한자를 따라 쓰세요.

定	庭	第	題	朝
族	注	晝	集	窓
淸	體	親	太	通
特	表	風	合	行
幸	向	現	形	號
和	畫	黃	會	訓
加	可	價	改	客
去	擧	件	建	健
格	見	決	結	景
敬	輕	競	固	考

▶ 다음 한자의 훈과 음에 맞는 한자를 쓰세요.

정할 정	뜰 정	차례 제	제목 제	아침 조
겨레 족	부을 주	낮 주	모을 집	창 창
맑을 청	몸 체	친할 친	클 태	통할 통
특별할 특	겉 표	바람 풍	합할 합	다닐 행
다행 행	향할 향	나타날 현	모양 형	이름 호
화할 화	그림 화	누를 황	모일 회	가르칠 훈
더할 가	옳을 가	값 가	고칠 개	손 객
갈 거	들 거	물건 건	세울 건	굳셀 건
격식 격	볼 견	결단할 결	맺을 결	별 경
공경 경	가벼울 경	다툴 경	굳을 고	생각할 고

▶ 다음 한자어의 독음을 쓰고, 한자어를 따라 쓰세요.

思	考	固	有	競	合	輕	重
敬	語	雪	景	結	合	決	心
見	學	格	言	考	案	固	體
競	爭	輕	量	敬	老	景	致
結	實	決	定	見	聞	規	格

▶ 다음 독음에 맞는 한자어를 쓰세요.

사	고	고	유	경	합	경	중
경	어	설	경	결	합	결	심
견	학	격	언	고	안	고	체
경	쟁	경	량	경	로	경	치
결	실	결	정	견	문	규	격

5급 Ⅱ(2) 예상문제   월 일 / 확인

❶ 다음 漢字語의 讀音을 쓰세요.

1) 思考 (　　　)　　2) 固有 (　　　)
3) 競合 (　　　)　　4) 輕重 (　　　)
5) 敬語 (　　　)　　6) 雪景 (　　　)
7) 結合 (　　　)　　8) 決心 (　　　)
9) 見學 (　　　)　　10) 格言 (　　　)
11) 考案 (　　　)　　12) 固體 (　　　)
13) 競爭 (　　　)　　14) 輕量 (　　　)
15) 敬老 (　　　)　　16) 景致 (　　　)
17) 結實 (　　　)　　18) 決定 (　　　)
19) 見聞 (　　　)　　20) 規格 (　　　)

❷ 다음 漢字의 訓과 音을 쓰세요.

21) 格 (　　　)　　22) 決 (　　　)
23) 景 (　　　)　　24) 輕 (　　　)
25) 固 (　　　)　　26) 見 (　　　)
27) 結 (　　　)　　28) 敬 (　　　)
29) 競 (　　　)　　30) 考 (　　　)

❸ 다음 밑줄 친 漢字語를 漢字로 쓰세요.

31) 위인들이 남긴 격언을 마음에 새기다. ……… (　　　)
32) 방송국에 견학을 가다. ………………………… (　　　)
33) 성공하리라 굳은 결심을 하다. ………………… (　　　)
34) 남녀가 결합해서 가정을 이루다. ……………… (　　　)
35) 설악산의 설경을 바라보았다. ………………… (　　　)
36) 어른에게 깍듯이 경어를 쓰다. ………………… (　　　)
37) 무게의 경중을 저울로 달다. …………………… (　　　)
38) 일본선수들과 치열한 경합을 벌리다. ………… (　　　)
39) 한복은 우리 고유의 의상이다. ………………… (　　　)
40) 한자를 알면 사고력이 길러진다. ……………… (　　　)

❹ 다음 訓과 音에 맞는 漢字를 쓰세요.

41) 옷　복 (　　　)　　42) 과목 과 (　　　)

43) 부릴 사 (　　　)　　44) 고을 군 (　　　)

45) 줄　선 (　　　)

❺ 다음 漢字와 뜻이 상대 또는 反對되는 漢字를 쓰세요.

46) 輕 (　　　) ① 苦　② 主　③ 重　④ 長
47) 强 (　　　) ① 別　② 弱　③ 生　④ 來

5급Ⅱ(2) 예상문제   월 일 / 확인

❻ 다음 (   )안에 들어갈 漢字를 아래에서 찾아 그 번호를 쓰세요.

① 正   ② 動   ③ 業   ④ 道   ⑤ 育

48) 高等(   )物 : 지적능력이 높은 동물

49) 高速(   )路 : 빠른 속도로 달릴 수 있는 도로

50) 公明(   )大 : 사사로움이 없이 밝고 크게 바름

❼ 다음 漢字와 뜻이 같거나 비슷한 漢字를 아래에서 찾아 그 번호를 쓰세요.

① 共   ② 合   ③ 遠   ④ 里   ⑤ 樂

51) 永 (   )   52) 村 (   )

53) 歌 (   )

❽ 다음 漢字와 음은 같은데 뜻이 다른 漢字를 아래에서 찾아 그 번호를 쓰세요.

① 固   ② 家   ③ 決   ④ 邑   ⑤ 京

54) 結 (   )   55) 景 (   )

56) 考 (   )

❾ 다음 漢字語의 뜻을 쓰세요.

57) 敬語 :

58) 輕重 :

59) 見學 :

❿ 다음 漢字의 略字(약자 : 획수를 줄인 漢字)를 쓰세요.

① 教　② 学　③ 国　④ 気　⑤ 内

60) 學 (　　　)　　　61) 氣 (　　　)

62) 內 (　　　)

⓫ 다음 한자의 ㉠획은 몇 번째 쓰는지 아래에서 찾아 그 번호를 쓰세요.

① 첫 번째　② 두 번째　③ 세 번째　④ 네 번째
⑤ 다섯 번째　⑥ 여섯 번째　⑦ 일곱 번째　⑧ 여덟 번째
⑨ 아홉 번째　⑩ 열 번째　⑪ 열한 번째　⑫ 열두 번째

(63) 決 (　　)　(64) 輕 (　　)　(65) 敬 (　　)

5급Ⅱ(2) 예상문제 정답

1	사고	23	별 경	45	線
2	고유	24	가벼울 경	46	重
3	경합	25	굳을 고	47	弱
4	경중	26	볼 견	48	②
5	경어	27	맺을 결	49	④
6	설경	28	공경 경	50	①
7	결합	29	다툴 경	51	③
8	결심	30	생각할 고	52	④
9	견학	31	格言	53	⑤
10	격언	32	見學	54	③
11	고안	33	決心	55	⑤
12	고체	34	結合	56	①
13	경쟁	35	雪景	57	존경하여 높임말
14	경량	36	敬語	58	가벼움과 무거움
15	경로	37	輕重	59	눈으로 보고 배움
16	경치	38	競合	60	学
17	결실	39	固有	61	気
18	결정	40	思考力	62	内
19	견문	41	服	63	⑥
20	규격	42	科	64	⑦
21	격식 격	43	使	65	⑪
22	결단할 결	44	郡		

▶ 다음 본문을 읽고, 필순에 맞게 한자를 쓰세요.

필순 : ﾉ ﾉ ﾄ 生 告 告 告

고할 고에 필 발은 告發이고요
숨김없이 털어놓음 告白입니다.

필순 : ﾉ ﾉ 日 由 曲 曲

굽을 곡에 줄 선은 曲線이고요
굽음과 곧음 曲直입니다.

필순 : 課課課課課課課課課課課課課課課

과정 과에 바깥 외는 課外이고요
마땅히 해야 할 일 課業입니다.

필순 : 過 冎 冎 冎 冎 咼 咼 咼 渦 渦 過 過

지날 과에 일할 로는 過勞이고요
잘못이나 허물 過失입니다.

關 關 關 閁 閁 門 門 門 閈 閗 閞 閞 閟 關 關 關 關 關

관계할 관에 마음 심은 關心이고요
통과해야 하는 중요한 문 關門입니다.

▶ 한자의 훈 음을 쓰고, 필순에 맞게 한자를 따라 쓰세요.

告 고할 고	부수 口	告	告	告	고할 고	고할 고
曲 굽을 곡	부수 曰	曲	曲	曲	굽을 곡	굽을 곡
課 과정 과	부수 言	課	課	課	과정 과	과정 과
過 지날 과	부수 辶	過	過	過	지날 과	지날 과
關 관계할 관	부수 門	關	關	關	관계할 관	관계할 관

▶ 다음 한자어를 쓰고, 낱말의 뜻을 쓰세요.

(1) 고백 (   ) :

(2) 곡직 (   ) :

(3) 과업 (   ) :

(4) 과실 (   ) :

(5) 관문 (   ) :

※ 오늘 배운 글자를 선생님께 「읽기점검」 한다 ⇨ 325자

▶ 다음 본문을 읽고, 필순에 맞게 한자를 쓰세요.

觀 觀

觀	부수 見
볼 관	볼 견

볼 관에 **빛 광**은 觀光이고요
　　　　　　　　　　관광
공연 따위를 구경하는 사람 觀客입니다.
　　　　　　　　　　　　관객

필순 : 亠 广 广 广 广 庐 庐 庐 庐 庐 庐 庐 庐 廣 廣

廣	부수 广
넓을 광	집 엄

넓을 광에 **들 야**는 廣野이고요
　　　　　　　　　　광야
건물 없이 너른 마당 廣場입니다.
　　　　　　　　　　광장

필순 : 橋 † 杵 杵 杵 杵 杵 桥 桥 橋 橋 橋 橋 橋 橋 橋

橋	부수 木
다리 교	나무 목

뭍 륙에 **다리 교**는 陸橋이고요
　　　　　　　　　　육교
돌로 만든 다리 石橋입니다.
　　　　　　　　석교

필순 : 丨 冂 冂 月 目 且 具 具

具	부수 八
갖출 구	나눌 팔

갖출 구에 **몸 체**는 具體이고요
　　　　　　　　　　구체
집안 살림에 쓰이는 기구 家具입니다.
　　　　　　　　　　　　가구

필순 : 一 十 ナ 才 求 求 求 求 救 救 救

구원할 구에 **나라 국**은 救國이고요
　　　　　　　　　　　구국
사람의 목숨을 구함 救命입니다.
　　　　　　　　구명

▶ 한자의 훈 음을 쓰고, 필순에 맞게 한자를 따라 쓰세요.

觀	부수 見	觀	觀	觀		
볼 관					볼 관	볼 관
廣	부수 广	廣	廣	廣		
넓을 광					넓을 광	넓을 광
橋	부수 木	橋	橋	橋		
다리 교					다리 교	다리 교
具	부수 八	具	具	具		
갖출 구					갖출 구	갖출 구
救	부수 攴	救	救	救		
구원할 구					구원할 구	구원할 구

▶ 다음 한자어를 쓰고, 낱말의 뜻을 쓰세요.

(1) 관객 (　　　):

(2) 광장 (　　　):

(3) 석교 (　　　):

(4) 가구 (　　　):

(5) 구명 (　　　):

※ 오늘 배운 글자를 선생님께 「읽기점검」 한다 ⇨ 330자

▶ 다음 한자의 훈과 음을 쓰고, 한자를 따라 쓰세요.

清	體	親	太	通
特	表	風	合	行
幸	向	現	形	號
和	畵	黃	會	訓
加	可	價	改	客
去	擧	件	建	健
格	見	決	結	景
敬	輕	競	固	考
告	曲	課	過	關
觀	廣	橋	具	救

▶ 다음 한자의 훈과 음에 맞는 한자를 쓰세요.

맑을 청	몸 체	친할 친	클 태	통할 통
특별할 특	겉 표	바람 풍	합할 합	다닐 행
다행 행	향할 향	나타날 현	모양 형	이름 호
화할 화	그림 화	누를 황	모일 회	가르칠 훈
더할 가	옳을 가	값 가	고칠 개	손 객
갈 거	들 거	물건 건	새울 건	굳셀 건
격식 격	볼 견	결단할 결	맺을 결	별 경
공경 경	가벼울 경	다툴 경	굳을 고	생각할 고
고할 고	굽을 곡	과정 과	지날 과	관계할 관
볼 관	넓을 광	다리 교	갖출 구	구원할 구

▶ 다음 한자어의 독음을 쓰고, 한자어를 따라 쓰세요.

救	命	家	具	石	橋	廣	場
觀	客	關	門	過	失	課	業
曲	直	告	白	救	國	具	體
陸	橋	廣	野	觀	光	關	心
過	勞	課	外	曲	線	告	發

▶ 다음 독음에 맞는 한자어를 쓰세요.

구	명	가	구	석	교	광	장
관	객	관	문	과	실	과	업
곡	직	고	백	구	국	구	체
육	교	광	야	관	광	관	심
과	로	과	외	곡	선	고	발

5급 II (3) 예상문제   월 일 / 확인

❶ 다음 漢字語의 讀音을 쓰세요.

1) 救命 (   )   2) 家具 (   )

3) 石橋 (   )   4) 廣場 (   )

5) 觀客 (   )   6) 關門 (   )

7) 過失 (   )   8) 課業 (   )

9) 曲直 (   )   10) 告白 (   )

11) 救國 (   )   12) 具體 (   )

13) 陸橋 (   )   14) 廣野 (   )

15) 觀光 (   )   16) 關心 (   )

17) 過勞 (   )   18) 課外 (   )

19) 曲線 (   )   20) 告發 (   )

❷ 다음 漢字의 訓과 音을 쓰세요.

21) 告 (   )   22) 課 (   )

23) 關 (   )   24) 廣 (   )

25) 具 (   )   26) 曲 (   )

27) 過 (   )   28) 觀 (   )

29) 橋 (   )   30) 救 (   )

❸ 다음 밑줄 친 漢字語를 漢字로 쓰세요.

31) 여인에게 사랑을 고백하다. ················ (   )
32) 옳고 그름의 곡직을 가리다. ················ (   )
33) 경제개발의 과업을 완수하다. ················ (   )
34) 자기의 과실을 뉘우치다. ···················· (   )
35) 대학시험의 어려운 관문을 통과하다. ········ (   )
36) 구경하러온 관객이 몰려왔다. ················ (   )
37) 많은 인파가 광장을 메우다. ················ (   )
38) 돌로 만든 석교를 건너갔다. ················ (   )
39) 새로 사온 가구를 들여놓다. ················ (   )
40) 물에 빠진 아이들을 구명하다. ··············· (   )

❹ 다음 訓과 音에 맞는 漢字를 쓰세요.

41) 등급 급 (   )   42) 빠를 속 (   )
43) 기다릴 대 (   )   44) 이길 승 (   )
45) 아이 동 (   )

❺ 다음 漢字와 뜻이 상대 또는 反對되는 漢字를 쓰세요.

46) 古 (   ) ① 山   ② 主   ③ 今   ④ 長
47) 樂 (   ) ① 別   ② 苦   ③ 生   ④ 來

5급 Ⅱ (3) 예상문제

❻ 다음 ( )안에 들어갈 漢字를 아래에서 찾아 그 번호를 쓰세요.

① 信 ② 各 ③ 業 ④ 生 ⑤ 育

48) 各人( )色 : 사람마다 각각 다르고 빛깔이 각각 다름

49) 見物( )心 : 물건을 보면 갖고 싶은 욕심이 생김

50) 交通( )號 : 사람이나 차가 질서 있게 가도록 나타내는 표시

❼ 다음 漢字와 뜻이 같거나 비슷한 漢字를 아래에서 찾아 그 번호를 쓰세요.

① 生 ② 合 ③ 數 ④ 里 ⑤ 別

51) 區 ( )　　52) 算 ( )

53) 出 ( )

❽ 다음 漢字와 음은 같은데 뜻이 다른 漢字를 아래에서 찾아 그 번호를 쓰세요.

① 各 ② 高 ③ 國 ④ 光 ⑤ 京

54) 告 ( )　　55) 廣 ( )

56) 局 ( )

❾ 다음 漢字語의 뜻을 쓰세요.

57) 告白 :

58) 曲直 :

59) 救命 :

❿ 다음 漢字의 略字(약자 : 획수를 줄인 漢字)를 쓰세요.

① 来　② 学　③ 国　④ 強　⑤ 数

60) 强 (　　　)　　　　61) 數 (　　　)

62) 來 (　　　)

⓫ 다음 한자의 ㉠획은 몇 번째 쓰는지 아래에서 찾아 그 번호를 쓰세요.

① 첫 번째　　② 두 번째　　③ 세 번째　　④ 네 번째
⑤ 다섯 번째　⑥ 여섯 번째　⑦ 일곱 번째　⑧ 여덟 번째
⑨ 아홉 번째　⑩ 열 번째　　⑪ 열한 번째　⑫ 열두 번째

(63) 關 (　　)　　(64) 廣 (　　)　　(65) 救 (　　)

5급Ⅱ(3) 예상문제 정답

1	구명	23	관계할 관	45	童
2	가구	24	넓을 광	46	今
3	석교	25	갖출 구	47	苦
4	광장	26	굽을 곡	48	②
5	관객	27	지날 과	49	④
6	관문	28	볼 관	50	①
7	과실	29	다리 교	51	⑤
8	과업	30	구원할 구	52	③
9	곡직	31	告白	53	①
10	고백	32	曲直	54	②
11	구국	33	課業	55	④
12	구체	34	過失	56	③
13	육교	35	關門	57	숨김없이 털어놓음
14	광야	36	觀客	58	굽음과 곧음
15	관광	37	廣場	59	사람의 목숨을 구함
16	관심	38	石橋	60	强
17	과로	39	家具	61	数
18	과외	40	救命	62	来
19	곡선	41	級	63	⑥
20	고발	42	速	64	⑧
21	고할 고	43	待	65	⑦
22	과정/공부할 과	44	勝		

▶ 다음 본문을 읽고, 필순에 맞게 한자를 쓰세요.

필순 : 舊舊舊舊舊舊舊舊舊舊舊舊舊舊舊舊舊舊

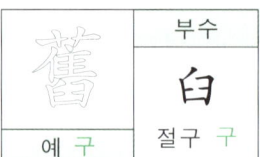

예 구에 집 옥은 舊屋이고요
　　　　　　　　　구옥
옛날에 살던 집 舊家입니다.
　　　　　　　구가

필순 : 局局尸局局局局

약 약에 판 국은 藥局이고요
　　　　　　　　약국
한정된 일정한 지역 局地입니다.
　　　　　　　　　국지

필순 : 貴貴貴貴貴貴貴貴貴貴貴貴

물건 품에 귀할 귀는 品貴이고요
　　　　　　　　　　품귀
신분이나 지위가 고귀한 사람 貴人입니다.
　　　　　　　　　　　　　귀인

필순 : 規規規規規規規規規規規

법 규에 법칙 칙은 規則이고요
　　　　　　　　　규칙
규칙을 정하는 것 規定입니다.
　　　　　　　　규정

필순 : 給給給給給給給給給給給給

줄 급에 헤아릴 료는 給料이고요
　　　　　　　　　　급료
물을 공급함 給水입니다.
　　　　　　　급수

▶ 한자의 훈 음을 쓰고, 필순에 맞게 한자를 따라 쓰세요.

舊 예 구	부수 白	舊	舊	舊		
					예 구	예 구
局 판 국	부수 尸	局	局	局		
					판 국	판 국
貴 귀할 귀	부수 貝	貴	貴	貴		
					귀할 귀	귀할 귀
規 법 규	부수 見	規	規	規		
					귀할 귀	귀할 귀
給 줄 급	부수 糸	給	給	給		
					줄 급	줄 급

▶ 다음 한자어를 쓰고, 낱말의 뜻을 쓰세요.

(1) 구가 (   ) :

(2) 국지 (   ) :

(3) 귀인 (   ) :

(4) 규정 (   ) :

(5) 급수 (   ) :

※ 오늘 배운 글자를 선생님께 「읽기점검」 한다 ⇨ 335자

▶ 다음 본문을 읽고, 필순에 맞게 한자를 쓰세요.

필순: ㄱ ㄱ 己

己	부수
몸 기	己 몸 기

스스로 자에 몸 기는 自己이고요
　　　　　　　　　　　자기
자기 이익만 꾀하는 일 利己입니다.
　　　　　　　　　　이기

필순: 一 十 扌 扌 扑 抄 技

技	부수
재주 기	手(扌) 손 수

재주 기에 재주 술은 技術이고요
　　　　　　　　　　기술
특별한 재주 特技입니다.
　　　　　특기

필순: ヽ ㇀ 氵 汽 汽 汽 汽

汽	부수
물끓는김기	水(氵) 물 수

물끓는김 기에 배 선은 汽船이고요
　　　　　　　　　　　기선
궤도 위로 달리는 증기기관차 汽車입니다.
　　　　　　　　　　　　　　기차

필순: 一 十 廾 廾 甘 其 其 其 其 基 基

基	부수
터 기	土 흙 토

터 기에 근본 본은 基本이고요
　　　　　　　　　기본
활동의 근거지 基地입니다.
　　　　　　　기지

필순: 一 十 廾 廾 甘 其 其 期 期 期 期 期

期	부수
기약할 기	月 달 월

기약할 기에 맺을 약은 期約이고요
　　　　　　　　　　　기약
어느 때로 기약하여 성취를 바람 期待입니다.
　　　　　　　　　　　　　　　기대

▶ 한자의 훈 음을 쓰고, 필순에 맞게 한자를 따라 쓰세요.

己	부수	己	己	己	己		
몸 기						몸 기	몸 기
技	부수 手	技	技	技			
재주 기						재주 기	재주 기
汽	부수 水	汽	汽	汽			
물끓는김 기						물끓는김 기	물끓는김 기
基	부수 土	基	基	基			
터 기						터 기	터 기
期	부수 月	期	期	期			
기약할 기						기약할 기	기약할 기

▶ 다음 한자어를 쓰고, 낱말의 뜻을 쓰세요.

(1) 이기 (   ) :

(2) 특기 (   ) :

(3) 기차 (   ) :

(4) 기지 (   ) :

(5) 기대 (   ) :

※ 오늘 배운 글자를 선생님께 「읽기점검」 한다 ⇨ 340자

▶ 다음 한자의 훈과 음을 쓰고, 한자를 따라 쓰세요.

幸	向	現	形	號
和	畵	黃	會	訓
加	可	價	改	客
去	擧	件	建	健
格	見	決	結	景
敬	輕	競	固	考
告	曲	課	過	關
觀	廣	橋	具	救
舊	局	貴	規	給
己	技	汽	基	期

▶ 다음 한자의 훈과 음에 맞는 한자를 쓰세요.

다행 행	향할 향	나타날 현	모양 형	이름 호
화할 화	그림 화	누를 황	모일 회	가르칠 훈
더할 가	옳을 가	값 가	고칠 개	손 객
갈 거	들 거	물건 건	세울 건	굳셀 건
격식 격	볼 견	결단할 결	맺을 결	별 경
공경 경	가벼울 경	다툴 경	굳을 고	생각할 고
고할 고	굽을 곡	과정 과	지날 과	관계할 관
볼 관	넓을 광	다리 교	갖출 구	구원할 구
예 구	판 국	귀할 귀	법 규	줄 급
몸 기	재주 기	물끓는김 기	터 기	기약할 기

▶ 다음 한자어의 독음을 쓰고, 한자어를 따라 쓰세요.

期	約	基	本	汽	船	技	術
自	己	給	料	規	則	品	貴
藥	局	舊	屋	期	待	基	地
汽	車	特	技	利	己	給	水
規	定	貴	人	局	地	舊	家

▶ 다음 독음에 맞는 한자어를 쓰세요.

기	약	기	본	기	선	기	술
자	기	급	료	규	칙	품	귀
약	국	구	옥	기	대	기	지
기	차	특	기	이	기	급	수
규	정	귀	인	국	지	구	가

5급 II (4) 예상문제   월 일 / 확인

❶ 다음 漢字語의 讀音을 쓰세요.

1) 期約 (   )   2) 基本 (   )

3) 汽船 (   )   4) 技術 (   )

5) 自己 (   )   6) 給料 (   )

7) 規則 (   )   8) 品貴 (   )

9) 藥局 (   )   10) 舊屋 (   )

11) 期待 (   )   12) 基地 (   )

13) 汽車 (   )   14) 特技 (   )

15) 利己 (   )   16) 給水 (   )

17) 規定 (   )   18) 貴人 (   )

19) 局地 (   )   20) 舊家 (   )

❷ 다음 漢字의 訓과 音을 쓰세요.

21) 舊 (   )   22) 貴 (   )

23) 給 (   )   24) 技 (   )

25) 基 (   )   26) 局 (   )

27) 規 (   )   28) 己 (   )

29) 汽 (   )   30) 期 (   )

❸ 다음 밑줄 친 漢字語를 漢字로 쓰세요.

31) 이 집이 아버지가 살았던 <u>구가</u>란다. ·········· (　　　　)
32) <u>국지</u>적으로 소나기가 오는 곳도 있다. ········ (　　　　)
33) 여행길에서 <u>귀인</u>을 만나다. ··················· (　　　　)
34) 벌금을 회칙으로 <u>규정</u>하다. ··················· (　　　　)
35) 수도공사로 <u>급수</u>가 단절되다. ················ (　　　　)
36) 자기만을 위하는 <u>이기</u>심을 버리자. ·········· (　　　　)
37) 자기의 <u>특기</u>를 살리다. ······················· (　　　　)
38) <u>기차</u>를 타고 여행을 하다. ··················· (　　　　)
39) 이곳이 공군 <u>기지</u>이다. ······················· (　　　　)
40) 마지막 그에게 <u>기대</u>를 걸었다. ··············· (　　　　)

❹ 다음 訓과 音에 맞는 漢字를 쓰세요.

41) 귀신 신 (　　　　)　　42) 예도 례 (　　　　)
43) 들　 야 (　　　　)　　44) 다스릴 리 (　　　　)
45) 말씀 언 (　　　　)

❺ 다음 漢字와 뜻이 상대 또는 反對되는 漢字를 쓰세요.

46) 敎 (　　　) ① 山　 ② 主　 ③ 學　 ④ 長
47) 新 (　　　) ① 別　 ② 苦　 ③ 生　 ④ 古

5급Ⅱ(4) 예상문제   월 일 / 확인

❻ 다음 (   )안에 들어갈 漢字를 아래에서 찾아 그 번호를 쓰세요.

> ① 信   ② 明   ③ 死   ④ 生   ⑤ 立

48) 九(   )一生 : 아홉 번 죽을 고비를 넘기고 겨우 살아남

49) 國(   )公園 : 나라에서 세운 공원

50) 淸風(   )月 : 맑은 바람과 밝은 달

❼ 다음 漢字와 뜻이 같거나 비슷한 漢字를 아래에서 찾아 그 번호를 쓰세요.

> ① 生   ② 級   ③ 數   ④ 本   ⑤ 邑

51) 郡 (   )   52) 等 (   )

53) 根 (   )

❽ 다음 漢字와 音은 같은데 뜻이 다른 漢字를 아래에서 찾아 그 번호를 쓰세요.

> ① 旗   ② 國   ③ 決   ④ 急   ⑤ 京

54) 局 (   )   55) 給 (   )

56) 基 (   )

9 다음 漢字語의 뜻을 쓰세요.

57) 舊家 :

58) 貴人 :

59) 利己 :

10 다음 漢字의 略字(약자 : 획수를 줄인 漢字)를 쓰세요.

① 図   ② 区   ③ 国   ④ 対   ⑤ 数

60) 區 (　　　)　　　　61) 對 (　　　)

62) 圖 (　　　)

11 다음 한자의 ㉠획은 몇 번째 쓰는지 아래에서 찾아 그 번호를 쓰세요.

① 첫 번째　　② 두 번째　　③ 세 번째　　④ 네 번째
⑤ 다섯 번째　⑥ 여섯 번째　⑦ 일곱 번째　⑧ 여덟 번째
⑨ 아홉 번째　⑩ 열 번째　　⑪ 열한 번째　⑫ 열두 번째

(63) 舊 (　　) 　(64) 局 (　　) 　(65) 規 (　　)

5급Ⅱ(4) 예상문제 정답

1	기약	23	줄 급	45	言
2	기본	24	재주 기	46	學
3	기선	25	터 기	47	古
4	기술	26	판 국	48	③
5	자기	27	법 규	49	⑤
6	급료	28	몸 기	50	②
7	규칙	29	물끓는김 기	51	⑤
8	품귀	30	기약할 기	52	②
9	약국	31	舊家	53	④
10	구옥	32	局地	54	②
11	기대	33	貴人	55	④
12	기지	34	規定	56	①
13	기차	35	給水	57	옛날에 살던 집
14	특기	36	利己	58	신분이 고귀한 사람
15	이기	37	特技	59	자기 이익만 꾀하는 일
16	급수	38	汽車	60	区
17	규정	39	基地	61	対
18	귀인	40	期待	62	図
19	국지	41	神	63	③
20	구가	42	禮	64	④
21	예 구	43	野	65	⑪
22	귀할 귀	44	理		

▶ 다음 본문을 읽고, 필순에 맞게 한자를 쓰세요.

필순 : 一 十 士 吉 吉 吉

吉	부수 口
길할 길	입 구

길할 길에 **흉할 흉**은 吉凶이고요
　　　　　　　　　　　　길흉
매우 길함 大吉입니다.
　　　　　대길

필순 : 丿 人 今 今 念 念 念

念	부수 心
생각 념	마음 심

생각 념에 **원할 원**은 念願이고요
　　　　　　　　　　　　염원
굳게 믿는 마음 信念입니다.
　　　　　　　　신념

필순 : 厶 幺 乍 台 台 育 育 能 能 能

能	부수 肉(月)
능할 능	고기 육

능할 능에 **힘 력**은 能力이고요
　　　　　　　　　　　능력
사물에 통달함 能通입니다.
　　　　　　　능통

필순 : 囗 囗 冃 冃 冋 冋 団 団 団 團 團 團 團

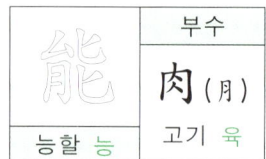

둥글 단에 **묶을 속**은 團束이고요
　　　　　　　　　　　　단속
많은 사람이 한데 뭉침 團結입니다.
　　　　　　　　　　　단결

필순 : 扌 圹 圹 圹 圩 圩 圩 垆 垆 垆 壇 壇 壇

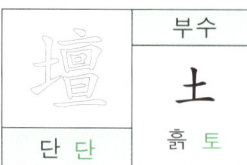

단 단에 **윗 상**은 壇上이고요
　　　　　　　　　　단상
문인들의 사회 文壇입니다.
　　　　　　　문단

▶ 한자의 훈 음을 쓰고, 필순에 맞게 한자를 따라 쓰세요.

吉	부수 口	吉	吉	吉		
길할 길					길할 길	길할 길
念	부수 心	念	念	念		
생각 념					생각 념	생각 념
能	부수 肉	能	能	能		
능할 능					능할 능	능할 능
團	부수 口	團	團	團		
둥글 단					둥글 단	둥글 단
壇	부수 土	壇	壇	壇		
단 단					단 단	단 단

▶ 다음 한자어를 쓰고, 낱말의 뜻을 쓰세요.

(1) 대길 (   ):

(2) 신념 (   ):

(3) 능통 (   ):

(4) 단결 (   ):

(5) 문단 (   ):

※ 오늘 배운 글자를 선생님께 「읽기점검」 한다 ⇨ 345자

▶ 다음 본문을 읽고, 필순에 맞게 한자를 쓰세요.

필순 : 訁訁訁訁言言言言談談談談談談談

談	부수
말씀 담	言 말씀 언

서로 상에 **말씀 담**은 相談이고요
서로 이야기를 주고받음 談話입니다.

필순 : 丷丷当当当当当常常常當當

當	부수
마땅 당	田 밭 전

마땅 당에 차례 번은 當番이고요
어떤 일을 담당한 곳 當局입니다.

필순 : 彳彳彳彳彳彳德德德德德德德

德	부수
큰 덕	彳 걸을 척

큰 덕에 나눌 분은 德分이고요
잘 되기를 비는 말 德談입니다.

필순 : 工 云 云 至 至 到 到

到	부수
이를 도	刀(刂) 칼 도

이를 도에 붙을 착은 到着이고요
때가 닥쳐옴 到來입니다.

필순 : 丨 亻 冂 冋 自 鳥 鳥 島 島

島	부수
섬 도	山 메 산

홀로 독에 **섬 도**는 獨島이고요
삼면이 바다인 큰 육지 半島입니다.

▶ 한자의 훈 음을 쓰고, 필순에 맞게 한자를 따라 쓰세요.

談	부수 言	談	談	談		
말씀 담					말씀 담	말씀 담
當	부수 田	當	當	當		
마땅 당					마땅 당	마땅 당
德	부수 彳	德	德	德		
큰 덕					큰 덕	큰 덕
到	부수 刀	到	到	到		
이를 도					이를 도	이를 도
島	부수 山	島	島	島		
섬 도					섬 도	섬 도

▶ 다음 한자어를 쓰고, 낱말의 뜻을 쓰세요.

(1) 담화 (   ) :

(2) 당국 (   ) :

(3) 덕담 (   ) :

(4) 도래 (   ) :

(5) 반도 (   ) :

※ 오늘 배운 글자를 선생님께 「읽기점검」 한다 ⇨ 350자

▶ 다음 한자의 훈과 음을 쓰고, 한자를 따라 쓰세요.

加	可	價	改	客
去	擧	件	建	健
格	見	決	結	景
敬	輕	競	固	考
告	曲	課	過	關
觀	廣	橋	具	救
舊	局	貴	規	給
己	技	汽	基	期
吉	念	能	團	壇
談	當	德	到	島

▶ 다음 한자의 훈과 음에 맞는 한자를 쓰세요.

더할 가	옳을 가	값 가	고칠 개	손 객
갈 거	들 거	물건 건	세울 건	굳셀 건
격식 격	볼 견	결단할 결	맺을 결	볕 경
공경 경	가벼울 경	다툴 경	굳을 고	생각할 고
고할 고	굽을 곡	과정 과	지날 과	관계할 관
볼 관	넓을 광	다리 교	갖출 구	구원할 구
예 구	판 국	귀할 귀	법 규	줄 급
몸 기	재주 기	물끓는김 기	터 기	기약할 기
길할 길	생각 념	능할 능	둥글 단	단 단
말씀 담	마땅 당	큰 덕	이를 도	섬 도

▶ 다음 한자어의 독음을 쓰고, 한자어를 따라 쓰세요.

獨	島	到	着	德	分	當	番
相	談	壇	上	團	束	能	力
念	願	吉	凶	半	島	到	來
德	談	當	局	談	話	文	壇
團	束	能	通	信	念	大	吉

▶ 다음 독음에 맞는 한자어를 쓰세요.

독	도	도	착	덕	분	당	번
상	담	단	상	단	속	능	력
염	원	길	흉	반	도	도	래
덕	담	당	국	담	화	문	단
단	속	능	통	신	념	대	길

5급Ⅱ(5) 예상문제   월 일 / 확인

❶ 다음 漢字語의 讀音을 쓰세요.

1) 獨島 (　　　)   2) 到着 (　　　)

3) 德分 (　　　)   4) 當番 (　　　)

5) 相談 (　　　)   6) 壇上 (　　　)

7) 團束 (　　　)   8) 能力 (　　　)

9) 念願 (　　　)   10) 吉凶 (　　　)

11) 半島 (　　　)   12) 到來 (　　　)

13) 德談 (　　　)   14) 當局 (　　　)

15) 談話 (　　　)   16) 文壇 (　　　)

17) 團結 (　　　)   18) 能通 (　　　)

19) 信念 (　　　)   20) 大吉 (　　　)

❷ 다음 漢字의 訓과 音을 쓰세요.

21) 吉 (　　　)   22) 能 (　　　)

23) 壇 (　　　)   24) 當 (　　　)

25) 到 (　　　)   26) 念 (　　　)

27) 團 (　　　)   28) 談 (　　　)

29) 德 (　　　)   30) 島 (　　　)

❸ 다음 밑줄 친 漢字語를 漢字로 쓰세요.

31) 올해가 대길할 운세다. ·················· (　　　)
32) 신념이 강한 사람이 성공한다. ············ (　　　)
33) 영어 회화에 능통한 사람이다. ············ (　　　)
34) 회원의 단결을 강화하다. ················ (　　　)
35) 삼촌이 문단에 데뷔하다. ················ (　　　)
36) 현 시국에 대한 담화를 발표하다. ·········· (　　　)
37) 경찰 당국의 발표가 있었다. ·············· (　　　)
38) 새해를 맞아 서로 덕담을 주고받았다. ······ (　　　)
39) 21세기 한자시대가 도래했다. ············ (　　　)
40) 우리나라를 한반도라고 한다. ············ (　　　)

❹ 다음 訓과 音에 맞는 漢字를 쓰세요.

41) 아름다울 미 (　　　)　　42) 쓸　용 (　　　)
43) 필　발 (　　　)　　44) 말미암을 유 (　　　)
45) 옷　복 (　　　)

❺ 다음 漢字와 뜻이 상대 또는 反對되는 漢字를 쓰세요.

46) 言 (　　　) ① 山　② 主　③ 行　④ 長
47) 長 (　　　) ① 別　② 短　③ 生　④ 古

5급Ⅱ(5) 예상문제   월   일 / 확인

❻ 다음 ( )안에 들어갈 漢字를 아래에서 찾아 그 번호를 쓰세요.

> ① 石   ② 明   ③ 死   ④ 生   ⑤ 成

48) 生(　　)苦樂 : 삶과 죽음, 괴로움과 즐거움

49) 自手(　　)家 : 자기 혼자 힘으로 집안을 일으킴

50) 電光(　　)火 : 번갯불이나 부싯돌의 불처럼 짧은 순간

❼ 다음 漢字와 뜻이 같거나 비슷한 漢字를 아래에서 찾아 그 번호를 쓰세요.

> ① 生 ② 會 ③ 數 ④ 速 ⑤ 畵

51) 急 (　　)　　52) 圖 (　　)

53) 社 (　　)

❽ 다음 漢字와 음은 같은데 뜻이 다른 漢字를 아래에서 찾아 그 번호를 쓰세요.

> ① 度 ② 國 ③ 壇 ④ 急 ⑤ 堂

54) 團 (　　)　　55) 當 (　　)

56) 島 (　　)

9 다음 漢字語의 뜻을 쓰세요.

57) 大吉 :

58) 信念 :

59) 能通 :

10 다음 漢字의 略字(약자 : 획수를 줄인 漢字)를 쓰세요.

① 図 ② 礼 ③ 楽 ④ 対 ⑤ 読

60) 讀 (   )   61) 樂 (   )

62) 禮 (   )

11 다음 한자의 ㉠획은 몇 번째 쓰는지 아래에서 찾아 그 번호를 쓰세요.

① 첫 번째   ② 두 번째   ③ 세 번째   ④ 네 번째
⑤ 다섯 번째   ⑥ 여섯 번째   ⑦ 일곱 번째   ⑧ 여덟 번째
⑨ 아홉 번째   ⑩ 열 번째   ⑪ 열한 번째   ⑫ 열두 번째

(63) 能 (   )   (64) 談 (   )   (65) 島 (   )

5급Ⅱ(5) 예상문제 정답

1	독도	23	단 단	45	服
2	도착	24	마땅 당	46	行
3	덕분	25	이를 도	47	短
4	당번	26	생각 념	48	③
5	상담	27	둥글 단	49	⑤
6	단상	28	말씀 담	50	①
7	단속	29	큰 덕	51	④
8	능력	30	섬 도	52	⑤
9	염원	31	大吉	53	②
10	길흉	32	信念	54	③
11	반도	33	能通	55	⑤
12	도래	34	團結	56	①
13	덕담	35	文壇	57	매우 길함
14	당국	36	談話	58	굳게 믿는 마음
15	담화	37	當局	59	사물에 통달함
16	문단	38	德談	60	読
17	단결	39	到來	61	楽
18	능통	40	半島	62	礼
19	신념	41	美	63	⑦
20	대길	42	用	64	⑨
21	길할 길	43	發	65	⑦
22	능할 능	44	由		

▶ 다음 본문을 읽고, 필순에 맞게 한자를 쓰세요.

필순: 一 十 耂 耂 耂 者 者 者 者 者ⁿ 都 都

都	부수
도읍 도	邑(阝) 고을 읍

도읍 도에 **저자 시**는 都市이고요
　　　　　　　　　　　도시
도시의 중심부 都心입니다.
　　　　　　　도심

필순: 亻 犭 犭 犭 犭 犭 犭 獨 獨 獨 獨 獨 獨 獨 獨

獨	부수
홀로 독	犬(犭) 개 견

홀로 독에 **착할 선**은 獨善이고요
　　　　　　　　　　　독선
나라의 독립을 위해 싸우는 군대 獨立軍입니다.
　　　　　　　　　　　　　　　독립군

필순: 艹 艹 艹 艹 艹 莎 茨 茨 落 落

落	부수
떨어질 락	艸(艹) 풀 초

떨어질 락에 **잎 엽**은 落葉이고요
　　　　　　　　　　　낙엽
꽃잎이 떨어지는 것 落花입니다.
　　　　　　　　낙화

필순: 丶 亠 亠 亠 皀 艮 艮 朗 朗 朗

朗	부수
밝을 랑	月 달 월

밝을 명에 **밝을 랑**은 明朗이고요
　　　　　　　　　　　명랑
소리내어 읽음 朗讀입니다.
　　　　　　낭독

필순: 冫 冫 冫 冫 冷 冷 冷

冷	부수
찰 랭	冫 얼음 빙

찰 랭에 **물 수**는 冷水이고요
　　　　　　　　　냉수
심한 대립 상태 冷戰입니다.
　　　　　　냉전

④ - 80

▶ 한자의 훈 음을 쓰고, 필순에 맞게 한자를 따라 쓰세요.

都	부수 邑	都	都	都		
도읍 도					도읍 도	도읍 도
獨	부수 犬	獨	獨	獨		
홀로 독					홀로 독	홀로 독
落	부수 艹	落	落	落		
떨어질 락					떨어질 락	떨어질 락
朗	부수 月	朗	朗	朗		
밝을 랑					밝을 랑	밝을 랑
冷	부수 冫	冷	冷	冷		
찰 랭					찰 랭	찰 랭

▶ 다음 한자어를 쓰고, 낱말의 뜻을 쓰세요.

(1) 도심 (   ):

(2) 독립군 (   ):

(3) 낙화 (   ):

(4) 낭독 (   ):

(5) 냉전 (   ):

※ 오늘 배운 글자를 선생님께 「읽기점검」 한다 ⇨ 355자

▶ 다음 본문을 읽고, 필순에 맞게 한자를 쓰세요.

필순 : 亠 亡 宀 自 良 良 良

良	부수
어질 량	艮 그칠 간

어질 량에 **마음 심**은 良心(양심)이고요
지체 있는 좋은 집안 良家(양가)입니다.

필순 : 口 日 旦 早 昦 昰 量 量 量 量 量 量

量	부수
헤아릴 량	里 마을 리

셀 계에 **헤아릴 량**은 計量(계량)이고요
수효와 분량 數量(수량)입니다.

필순 : 亠 亡 方 方 方 方 旅 旅 旅

旅	부수
나그네 려	方 모 방

나그네 려에 **다닐 행**은 旅行(여행)이고요
여행하는 사람 旅客(여객)입니다.

필순 : 厂 厂 厂 厂 厂 厂 厂 厂 厤 厤 歷 歷 歷 歷

歷	부수
지날 력	止 발 지

지날 력에 **사기 사**는 歷史(역사)이고요
이어 내려온 여러 대 歷代(역대)입니다.

필순 : 幺 幺 幺 糸 糸 糸 紀 紳 紳 練 練 練 練 練

練	부수
익힐 련	糸 실 사

익힐 련에 **익힐 습**은 練習(연습)이고요
숙달 되게 익히는 것 訓練(훈련)입니다.

▶ 한자의 훈 음을 쓰고, 필순에 맞게 한자를 따라 쓰세요.

良	부수	良	良	良		
어질 량					어질 량	어질 량
量	부수 里	量	量	量		
헤아릴 량					헤아릴 량	헤아릴 량
旅	부수 方	旅	旅	旅		
나그네 려					나그네 려	나그네 려
歷	부수 止	歷	歷	歷		
지날 력					지날 력	지날 력
練	부수 糸	練	練	練		
익힐 련					익힐 련	익힐 련

▶ 다음 한자어를 쓰고, 낱말의 뜻을 쓰세요.

(1) 양가 (　　　):

(2) 수량 (　　　):

(3) 여객 (　　　):

(4) 역대 (　　　):

(5) 훈련 (　　　):

※ 오늘 배운 글자를 선생님께 「읽기점검」 한다 ⇨ 360자

▶ 다음 한자의 훈과 음을 쓰고, 한자를 따라 쓰세요.

格	見	決	結	景
敬	輕	競	固	考
告	曲	課	過	關
觀	廣	橋	具	救
舊	局	貴	規	給
己	技	汽	基	期
吉	念	能	團	壇
談	當	德	到	島
都	獨	落	朗	冷
良	量	旅	歷	練

▶ 다음 한자의 훈과 음에 맞는 한자를 쓰세요.

격식 격	볼 견	결단할 결	맺을 결	별 경
공경 경	가벼울 경	다툴 경	굳을 고	생각할 고
고할 고	굽을 곡	과정 과	지날 과	관계할 관
볼 관	넓을 광	다리 교	갖출 구	구원할 구
예 구	판 국	귀할 귀	법 규	줄 급
몸 기	재주 기	물끓는김 기	터 기	기약할 기
길할 길	생각 념	능할 능	둥글 단	단 단
말씀 담	마땅 당	큰 덕	이를 도	섬 도
도읍 도	홀로 독	떨어질 락	밝을 랑	찰 랭
어질 량	헤아릴 량	나그네 려	지날 력	익힐 련

▶ 다음 한자어의 독음을 쓰고, 한자어를 따라 쓰세요.

練	習	歷	史	旅	行	計	量
良	心	冷	水	明	朗	落	葉
獨	善	都	市	訓	練	歷	代
旅	客	數	量	良	家	冷	戰
朗	讀	落	花	獨	立	都	心

▶ 다음 독음에 맞는 한자어를 쓰세요.

연	습	역	사	여	행	계	량
양	심	냉	수	명	랑	낙	엽
독	선	도	시	훈	련	역	대
여	객	수	량	양	가	냉	전
낭	독	낙	화	독	립	도	심

5급 II (6) 예상문제   월 일 / 확인

① 다음 漢字語의 讀音을 쓰세요.

1) 練習 (　　)   2) 歷史 (　　)
3) 旅行 (　　)   4) 計量 (　　)
5) 良心 (　　)   6) 冷水 (　　)
7) 明朗 (　　)   8) 落葉 (　　)
9) 獨善 (　　)   10) 都市 (　　)
11) 訓練 (　　) 12) 歷代 (　　)
13) 旅客 (　　) 14) 數量 (　　)
15) 良家 (　　) 16) 冷戰 (　　)
17) 朗讀 (　　) 18) 落花 (　　)
19) 獨立 (　　) 20) 都心 (　　)

② 다음 漢字의 訓과 音을 쓰세요.

21) 都 (　　)   22) 落 (　　)
23) 冷 (　　)   24) 量 (　　)
25) 歷 (　　)   26) 獨 (　　)
27) 朗 (　　)   28) 良 (　　)
29) 旅 (　　)   30) 練 (　　)

❸ 다음 밑줄 친 漢字語를 漢字로 쓰세요.

31) <u>도심</u>에서 멀리 떨어진 시골이다. ……… (   )

32) 우리 대한 <u>독립군</u>이 승리한 전적지다. ……… (   )

33) <u>낙화</u>를 보고 봄이 감을 알았노라. ……… (   )

34) 연설문을 <u>낭독</u>하다. ……… (   )

35) 국가 간의 대립상태를 <u>냉전</u>이라 한다. ……… (   )

36) <u>양가</u>의 자제와 결혼했다. ……… (   )

37) 공급의 <u>수량</u>이 늘어나는 추세다. ……… (   )

38) 외국 <u>여객</u>으로 공항이 붐비다. ……… (   )

39) <u>역대</u> 대통령을 청와대로 초청하다. ……… (   )

40) 군사 <u>훈련</u>을 강화하다. ……… (   )

❹ 다음 訓과 音에 맞는 漢字를 쓰세요.

41) 옷   의 (   )   42) 부릴 사 (   )

43) 어제 작 (   )   44) 줄   선 (   )

45) 정할 정 (   )

❺ 다음 漢字와 뜻이 상대 또는 反對되는 漢字를 쓰세요.

46) 遠 (   ) ① 山 ② 主 ③ 近 ④ 長

47) 和 (   ) ① 別 ② 戰 ③ 生 ④ 古

5급Ⅱ(6) 예상문제   월 일 / 확인

❻ 다음 ( )안에 들어갈 漢字를 아래에서 찾아 그 번호를 쓰세요.

① 石   ② 美   ③ 家   ④ 三   ⑤ 成

48) 草( )三間 : 세 칸의 초가집

49) 作心( )日 : 마음먹은 것이 삼일을 가지 못함

50) 八方( )人 : 여러 방면에 능통한 사람

❼ 다음 漢字와 뜻이 같거나 비슷한 漢字를 아래에서 찾아 그 번호를 쓰세요.

① 文   ② 式   ③ 數   ④ 書   ⑤ 教

51) 例 (   )   52) 訓 (   )

53) 章 (   )

❽ 다음 漢字와 음은 같은데 뜻이 다른 漢字를 아래에서 찾아 그 번호를 쓰세요.

① 度   ② 良   ③ 壇   ④ 力   ⑤ 堂

54) 量 (   )   55) 歷 (   )

56) 都 (   )

9 다음 漢字語의 뜻을 쓰세요.

57) 都心 :

58) 落花 :

59) 旅客 :

10 다음 漢字의 略字(약자 : 획수를 줄인 漢字)를 쓰세요.

① 図   ② 発   ③ 楽   ④ 薬   ⑤ 医

60) 發 (   )   61) 藥 (   )

62) 醫 (   )

11 다음 한자의 ㉠획은 몇 번째 쓰는지 아래에서 찾아 그 번호를 쓰세요.

① 첫 번째   ② 두 번째   ③ 세 번째   ④ 네 번째
⑤ 다섯 번째 ⑥ 여섯 번째 ⑦ 일곱 번째 ⑧ 여덟 번째
⑨ 아홉 번째 ⑩ 열 번째   ⑪ 열한 번째 ⑫ 열두 번째

(63) 都 (   )   (64) 落 (   )   (65) 旅 (   )

5급Ⅱ(6) 예상문제 정답

1	연습	23	찰 랭	45	定
2	역사	24	헤아릴 량	46	近
3	여행	25	지날 력	47	戰
4	계량	26	홀로 독	48	③
5	양심	27	밝을 랑	49	④
6	냉수	28	어질 량	50	②
7	명랑	29	나그네 려	51	②
8	낙엽	30	익힐 련	52	⑤
9	독선	31	都心	53	①
10	도시	32	獨立軍	54	②
11	훈련	33	落花	55	④
12	역대	34	朗讀	56	①
13	여객	35	冷戰	57	도시의 중심부
14	수량	36	良家	58	꽃잎이 떨어지는 것
15	양가	37	數量	59	여행하는 사람
16	냉전	38	旅客	60	発
17	낭독	39	歷代	61	薬
18	낙화	40	訓練	62	医
19	독립	41	衣	63	⑩
20	도심	42	使	64	⑩
21	도읍 도	43	昨	65	⑨
22	떨어질 락	44	線		

▶ 다음 본문을 읽고, 필순에 맞게 한자를 쓰세요.

필순 : ノ 人 ㅅ 今 令

令	부수
하여금 령	人 사람 인

법 법에 하여금 령은 法令이고요
　　　　　　　　　　　법령
윗사람이 아랫사람에게 시킴 命令입니다.
　　　　　　　　　　　　명령

필순 : ノ 人 ㅅ 今 令 令 佰 佰 領 領 領 領

領	부수
거느릴 령	頁 머리 혈

거느릴 령에 흙 토는 領土이고요
　　　　　　　　　영토
영역에 포함된 바다 領海입니다.
　　　　　　　　영해

필순 : ⸍ ⸍⸍ ⸍⸍⸍ ⸍⸍⸍⸍ ⺌⺌ ⺌⺌ᅳ 労 労 労 労 勞 勞

勞	부수
일할 로	力 힘 력

일할 로에 움직일 동은 勞動이고요
　　　　　　　　　　노동
애쓰고 고생하는 것 勞苦입니다.
　　　　　　　　노고

필순 : ⺾ ⺾⺾ ⺾⺾⺾ 半 米 米 米 米 料 料

料	부수
헤아릴 료	斗 말 두

헤아릴 료에 쇠 금은 料金이고요
　　　　　　　　요금
음식을 만드는 일 料理입니다.
　　　　　　　요리

필순 : ⺀ ⺀⺀ ⺀⺀⺀ 流 流 浐 浐 流 流

流	부수
흐를 류	水(氵) 물 수

흐를 류에 물 수는 流水이고요
　　　　　　　　유수
사회에 널리 퍼짐 流行입니다.
　　　　　　　유행

▶ 한자의 훈 음을 쓰고, 필순에 맞게 한자를 따라 쓰세요.

令	부수 人	令	令	令		
하여금 령					하여금 령	하여금 령
領	부수 頁	領	領	領		
거느릴 령					거느릴 령	거느릴 령
勞	부수 力	勞	勞	勞		
일할 로					일할 로	일할 로
料	부수 斗	料	料	料		
헤아릴 료					헤아릴 료	헤아릴 료
流	부수 水	流	流	流		
흐를 류					흐를 류	흐를 류

▶ 다음 한자어를 쓰고, 낱말의 뜻을 쓰세요.

(1) 명령 (   ) :

(2) 영해 (   ) :

(3) 노고 (   ) :

(4) 요리 (   ) :

(5) 유행 (   ) :

※ 오늘 배운 글자를 선생님께 「읽기점검」 한다 ⇨ 365자

▶ 다음 본문을 읽고, 필순에 맞게 한자를 쓰세요.

類類類米米米半半类类类新新類類類類類

類	부수
무리 류	頁 머리 혈

씨 종에 무리 류는 種類이고요
종류별로 나누는 것 分類입니다.

필순 : 乛 了 阝 阝⁻ 阝十 陸 陸 陸 陸 陸 陸

陸	부수
뭍 륙	阜(阝) 언덕 부

뭍 륙에 따 지는 陸地이고요
육지에서 싸우는 군대 陸軍입니다.

필순 : 丨 冂 冃 馬 馬 馬 馬 馬 馬 馬

馬	부수
말 마	馬 말 마

소 우에 말 마는 牛馬이고요
말을 타고 하는 경주 競馬입니다.

필순 : 一 二 丰 未 末

末	부수
끝 말	木 나무 목

끝 말에 날 일은 末日이고요
인생의 끝 무렵 末年입니다.

필순 : 丶 亠 亡

亡	부수
망할 망	亠 머리부분 두

패할 패에 망할 망은 敗亡이고요
나라가 망함 亡國입니다.

▶ 한자의 훈 음을 쓰고, 필순에 맞게 한자를 따라 쓰세요.

類	부수 頁	類	類	類		
무리 류					무리 류	무리 류
陸	부수 阜	陸	陸	陸		
뭍 륙					뭍 륙	뭍 륙
馬	부수 馬	馬	馬	馬		
말 마					말 마	말 마
末	부수 木	末	末	末		
끝 말					끝 말	끝 말
亡	부수 亠	亡	亡	亡		
망할 망					망할 망	망할 망

▶ 다음 한자어를 쓰고, 낱말의 뜻을 쓰세요.

(1) 분류 (　　　):

(2) 육군 (　　　):

(3) 경마 (　　　):

(4) 말년 (　　　):

(5) 망국 (　　　):

※ 오늘 배운 글자를 선생님께 「읽기점검」 한다 ⇨ 370자

▶ 다음 한자의 훈과 음을 쓰고, 한자를 따라 쓰세요.

告	曲	課	過	關
觀	廣	橋	具	救
舊	局	貴	規	給
己	技	汽	基	期
吉	念	能	團	壇
談	當	德	到	島
都	獨	落	朗	冷
良	量	旅	歷	練
令	領	勞	料	流
類	陸	馬	末	亡

▶ 다음 한자의 훈과 음에 맞는 한자를 쓰세요.

고할 고	굽을 곡	과정 과	지날 과	관계할 관
볼 관	넓을 광	다리 교	갖출 구	구원할 구
예 구	판 국	귀할 귀	법 규	줄 급
몸 기	재주 기	물끓는김 기	터 기	기약할 기
길할 길	생각 념	능할 능	둥글 단	단 단
말씀 담	마땅 당	큰 덕	이를 도	섬 도
도울 도	홀로 독	떨어질 락	밝을 랑	찰 랭
어질 량	헤아릴 량	나그네 려	지날 력	익힐 련
하여금 령	거느릴 령	일할 로	헤아릴 료	흐를 류
무리 류	뭍 륙	말 마	끝 말	망할 망

▶ 다음 한자어의 독음을 쓰고, 한자어를 따라 쓰세요.

敗	亡	末	日	牛	馬	陸	地
種	類	流	水	料	金	勞	動
領	土	法	令	亡	國	末	年
競	馬	陸	軍	分	類	流	行
料	理	勞	苦	領	海	命	令

▶ 다음 독음에 맞는 한자어를 쓰세요.

패	망	말	일	우	마	육	지
종	류	유	수	요	금	노	동
영	토	법	령	망	국	말	년
경	마	육	군	분	류	유	행
요	리	노	고	영	해	명	령

5급 II (7) 예상문제

월 일 / 확인

❶ 다음 漢字語의 讀音을 쓰세요.

1) 敗亡 (　　　)   2) 末日 (　　　)

3) 牛馬 (　　　)   4) 陸地 (　　　)

5) 種類 (　　　)   6) 流水 (　　　)

7) 料金 (　　　)   8) 勞動 (　　　)

9) 領土 (　　　)   10) 法令 (　　　)

11) 亡國 (　　　)   12) 末年 (　　　)

13) 競馬 (　　　)   14) 陸軍 (　　　)

15) 分類 (　　　)   16) 流行 (　　　)

17) 料理 (　　　)   18) 勞苦 (　　　)

19) 領海 (　　　)   20) 命令 (　　　)

❷ 다음 漢字의 訓과 音을 쓰세요.

21) 令 (　　　)   22) 勞 (　　　)

23) 流 (　　　)   24) 陸 (　　　)

25) 末 (　　　)   26) 領 (　　　)

27) 料 (　　　)   28) 類 (　　　)

29) 馬 (　　　)   30) 亡 (　　　)

❸ 다음 밑줄 친 漢字語를 漢字로 쓰세요.

31) 상관의 <u>명령</u>에 복종하다. ……………… (　　　　)
32) 독도는 우리의 <u>영해</u>에 있다. ……………… (　　　　)
33) 선생님의 <u>노고</u>에 보답하다. ……………… (　　　　)
34) 어머님의 <u>요리</u>솜씨는 일품이시다. ……… (　　　　)
35) 최신 <u>유행</u>을 따르다. ……………………… (　　　　)
36) 종류별로 <u>분류</u>하다. ……………………… (　　　　)
37) 아버지는 <u>육군</u>사관학교 출신이다. ……… (　　　　)
38) 경마장에서 <u>경마</u>를 구경했다. …………… (　　　　)
39) 인생 <u>말년</u>에 부귀가 찾아왔다. …………… (　　　　)
40) <u>망국</u>의 설움을 이기지 못하다. …………… (　　　　)

❹ 다음 訓과 音에 맞는 漢字를 쓰세요.

41) 빠를 속 (　　　)　　42) 겨레 족 (　　　)
43) 이길 승 (　　　)　　44) 맑을 청 (　　　)
45) 귀신 신 (　　　)

❺ 다음 漢字와 뜻이 상대 또는 反對되는 漢字를 쓰세요.

46) 祖 (　　　) ① 山　② 主　③ 孫　④ 長
47) 晝 (　　　) ① 別　② 夜　③ 生　④ 古

5급Ⅱ(7) 예상문제

❻ 다음 ( )안에 들어갈 漢字를 아래에서 찾아 그 번호를 쓰세요.

> ① 石 ② 問 ③ 大 ④ 生 ⑤ 成

48) 東( )西答 : 동쪽을 물으면 서쪽을 대답함

49) 門前( )市 : 찾아오는 사람이 많아 문 앞이 시장을 이룸

50) 百年( )計 : 백년을 내다보고 세운 큰 계획

❼ 다음 漢字와 뜻이 같거나 비슷한 漢字를 아래에서 찾아 그 번호를 쓰세요.

> ① 會 ② 同 ③ 數 ④ 體 ⑤ 畫

51) 共 ( )   52) 身 ( )

53) 集 ( )

❽ 다음 漢字와 音은 같은데 뜻이 다른 漢字를 아래에서 찾아 그 번호를 쓰세요.

> ① 類 ② 老 ③ 令 ④ 急 ⑤ 堂

54) 領 ( )   55) 勞 ( )

56) 流 ( )

❾ 다음 漢字語의 뜻을 쓰세요.

57) 陸軍 :

58) 競馬 :

59) 末年 :

❿ 다음 漢字의 略字(약자: 획수를 줄인 漢字)를 쓰세요.

① 図　② 体　③ 戦　④ 対　⑤ 昼

60) 戰 (　　)　　　　61) 晝 (　　)

62) 體 (　　)

⓫ 다음 한자의 ㉠획은 몇 번째 쓰는지 아래에서 찾아 그 번호를 쓰세요.

① 첫 번째　② 두 번째　③ 세 번째　④ 네 번째
⑤ 다섯 번째　⑥ 여섯 번째　⑦ 일곱 번째　⑧ 여덟 번째
⑨ 아홉 번째　⑩ 열 번째　⑪ 열한 번째　⑫ 열두 번째

(63) 料㉠ (　)　　(64) 流㉠ (　)　　(65) 末㉠ (　)

5급Ⅱ(7) 예상문제 정답

1	패망	23	흐를 류	45	神
2	말일	24	뭍 륙	46	孫
3	우마	25	끝 말	47	夜
4	육지	26	거느릴 령	48	②
5	종류	27	헤아릴 료	49	⑤
6	유수	28	무리 류	50	③
7	요금	29	말 마	51	②
8	노동	30	망할 망	52	④
9	영토	31	命令	53	①
10	법령	32	領海	54	③
11	망국	33	勞苦	55	②
12	말년	34	料理	56	①
13	경마	35	流行	57	육지에서 싸우는 군대
14	육군	36	分類	58	말을 타고 하는 경주
15	분류	37	陸軍	59	인생의 끝 무렵
16	유행	38	競馬	60	戰
17	요리	39	末年	61	晝
18	노고	40	亡國	62	体
19	영해	41	速	63	⑨
20	명령	42	族	64	⑤
21	하여금 령	43	勝	65	③
22	일할 로	44	淸		

▶ 다음 본문을 읽고, 필순에 맞게 한자를 쓰세요.

필순 : 　　　　　望望望望望望望望

큰 덕에 **바랄 망**은 德望이고요
분수에 넘치는 희망 野望입니다.

필순 : 　　　　　　　胃買買

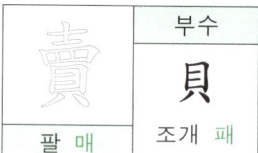

살 매에 **들 입**은 買入이고요
물건을 사지 않음 不買입니다.

필순 : 　　　　　　　　賣賣賣賣賣

팔 매에 **살 매**는 賣買이고요
물건을 내다 파는 것 賣出입니다.

필순 : 　　　　　無無無無無

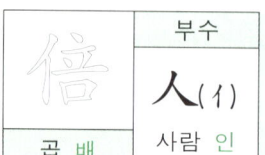

없을 무에 **일 사**는 無事이고요
능력이 없는 것 無能입니다.

필순 : 亻亻亻亻亻位位倍倍

일만 만에 **곱 배**는 萬倍이고요
갑절로 늘어남 倍加입니다.

▶ 한자의 훈 음을 쓰고, 필순에 맞게 한자를 따라 쓰세요.

望	부수 月	望	望	望		
바랄 망					바랄 망	바랄 망
買	부수 貝	買	買	買		
살 매					살 매	살 매
賣	부수 貝	賣	賣	賣		
팔 매					팔 매	팔 매
無	부수 火	無	無	無		
없을 무					없을 무	없을 무
倍	부수 人	倍	倍	倍		
곱 배					곱 배	곱 배

▶ 다음 한자어를 쓰고, 낱말의 뜻을 쓰세요.

(1) 야망 (   ):

(2) 불매 (   ):

(3) 매출 (   ):

(4) 무능 (   ):

(5) 배가 (   ):

※ 오늘 배운 글자를 선생님께 「읽기점검」 한다 ⇨ 375자

▶ 다음 본문을 읽고, 필순에 맞게 한자를 쓰세요.

필순: 丶 丶 氵 氵 法 法 法 法

法	부수 水(氵) 물 수
법 법	

법 법에 **집 원**은 法院이고요
법률에 관한 학문 法學입니다.

變	부수 言 말씀 언
변할 변	

변할 변에 **바탕 질**은 變質이고요
빛깔이 달라짐 變色입니다.

필순: 丿 厂 厂 斤 丘 乒 兵

兵	부수 八 나눌 팔
병사 병	

병사 병에 **마칠 졸**은 兵卒이고요
군사 작전의 방법 兵法입니다.

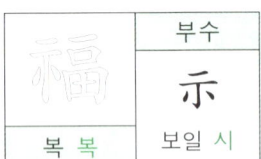

福	부수 示 보일 시
복 복	

다행 행에 **복 복**은 幸福이고요
행복과 이익 福利입니다.

奉	부수 大 큰 대
받들 봉	

받들 봉에 **섬길 사**는 奉仕이고요
윗사람과 이별함 奉別입니다.

▶ 한자의 훈 음을 쓰고, 필순에 맞게 한자를 따라 쓰세요.

法	부수 水	法	法	法		
법 법					법 법	법 법
變	부수 言	變	變	變		
변할 변					변할 변	변할 변
兵	부수 八	兵	兵	兵		
병사 병					병사 병	병사 병
福	부수 示	福	福	福		
복 복					복 복	복 복
奉	부수 大	奉	奉	奉		
받들 봉					받들 봉	받들 봉

▶ 다음 한자어를 쓰고, 낱말의 뜻을 쓰세요.

(1) 법학 (   ):

(2) 변색 (   ):

(3) 병법 (   ):

(4) 복리 (   ):

(5) 봉별 (   ):

※ 오늘 배운 글자를 선생님께 「읽기점검」 한다 ⇨ 380자

▶ 다음 한자의 훈과 음을 쓰고, 한자를 따라 쓰세요.

舊	局	貴	規	給
己	技	汽	基	期
吉	念	能	團	壇
談	當	德	到	島
都	獨	落	朗	冷
良	量	旅	歷	練
令	領	勞	料	流
類	陸	馬	末	亡
望	買	賣	無	倍
法	變	兵	福	奉

▶ 다음 한자의 훈과 음에 맞는 한자를 쓰세요.

예 구	판 국	귀할 귀	법 규	줄 급
몸 기	재주 기	물끓는김 기	터 기	기약할 기
길할 길	생각 념	능할 능	둥글 단	단 단
말씀 담	마땅 당	큰 덕	이를 도	섬 도
도읍 도	홀로 독	떨어질 락	밝을 랑	찰 랭
어질 량	헤아릴 량	나그네 려	지날 력	익힐 련
하여금 령	거느릴 령	일할 로	헤아릴 료	흐를 류
무리 류	뭍 륙	말 마	끝 말	망할 망
바랄 망	살 매	팔 매	없을 무	곱 배
법 법	변할 변	병사 병	복 복	받들 봉

▶ 다음 한자어의 독음을 쓰고, 한자어를 따라 쓰세요.

奉	仕	幸	福	兵	卒	變	質
法	院	萬	倍	無	事	賣	買
買	入	德	望	奉	別	福	利
兵	法	變	色	法	學	倍	加
無	能	賣	出	不	買	野	望

▶ 다음 독음에 맞는 한자어를 쓰세요.

봉	사	행	복	병	졸	변	질
법	원	만	배	무	사	매	매
매	입	덕	망	봉	별	복	리
병	법	변	색	법	학	배	가
무	능	매	출	불	매	야	망

5급 II (8) 예상문제

1 다음 漢字語의 讀音을 쓰세요.

1) 奉仕 (　　　)　　2) 幸福 (　　　)
3) 兵卒 (　　　)　　4) 變質 (　　　)
5) 法院 (　　　)　　6) 萬倍 (　　　)
7) 無事 (　　　)　　8) 賣買 (　　　)
9) 買入 (　　　)　　10) 德望 (　　　)
11) 奉別 (　　　)　　12) 福利 (　　　)
13) 兵法 (　　　)　　14) 變色 (　　　)
15) 法學 (　　　)　　16) 倍加 (　　　)
17) 無能 (　　　)　　18) 賣出 (　　　)
19) 不買 (　　　)　　20) 野望 (　　　)

2 다음 漢字의 訓과 音을 쓰세요.

21) 望 (　　　)　　22) 賣 (　　　)
23) 倍 (　　　)　　24) 變 (　　　)
25) 福 (　　　)　　26) 買 (　　　)
27) 無 (　　　)　　28) 法 (　　　)
29) 兵 (　　　)　　30) 奉 (　　　)

❸ 다음 밑줄 친 漢字語를 漢字로 쓰세요.

31) 그는 <u>야망</u>에 불타는 젊은이다. ·············· (　　　)

32) 일본제품의 <u>불매</u>운동을 벌이다. ·············· (　　　)

33) 회사의 <u>매출</u>이 늘어나다. ·················· (　　　)

34) 정부의 <u>무능</u>을 비난하다. ·················· (　　　)

35) 생산량을 <u>배가</u>하다. ······················ (　　　)

36) 그는 <u>법학</u>을 연구하는 교수이다. ············ (　　　)

37) 화가 나서 얼굴빛이 <u>변색</u>되다. ············· (　　　)

38) 그는 <u>병법</u>에 능한 장수였다. ··············· (　　　)

39) 국민의 <u>복리</u>를 증진하다. ·················· (　　　)

40) 아버지와 <u>봉별</u>하고 상경하다. ·············· (　　　)

❹ 다음 訓과 音에 맞는 漢字를 쓰세요.

　　41) 특별할 특 (　　　)　　42) 들 야 (　　　)

　　43) 다행 행 (　　　)　　44) 말씀 언 (　　　)

　　45) 화할 화 (　　　)

❺ 다음 漢字와 뜻이 상대 또는 反對되는 漢字를 쓰세요.

　　46) 分 (　　) ① 山　② 身　③ 合　④ 長

　　47) 生 (　　) ① 別　② 夜　③ 死　④ 古

5급Ⅱ(8) 예상문제   월 일 / 확인

6 다음 (   )안에 들어갈 漢字를 아래에서 찾아 그 번호를 쓰세요.

①石 ②萬 ③口 ④生 ⑤自

48) 有(   )無言 : 입은 있으나 할 말이 없음

49) 自由(   )在 : 자기 뜻대로 모든 것이 자유로움

50) 子孫(   )代 : 자손이 만대까지 이어짐

7 다음 漢字와 뜻이 같거나 비슷한 漢字를 아래에서 찾아 그 번호를 쓰세요.

①明 ②同 ③作 ④體 ⑤術

51) 工 (   )   52) 光 (   )

53) 才 (   )

8 다음 漢字와 음은 같은데 뜻이 다른 漢字를 아래에서 찾아 그 번호를 쓰세요.

①亡 ②老 ③病 ④每 ⑤堂

54) 賣 (   )   55) 望 (   )

56) 兵 (   )

❾ 다음 漢字語의 뜻을 쓰세요.

57) 不買 :

58) 無能 :

59) 變色 :

❿ 다음 漢字의 略字(약자 : 획수를 줄인 漢字)를 쓰세요.

① 会 ② 画 ③ 号 ④ 対 ⑤ 昼

60) 號 (   )   61) 畵 (   )

62) 會 (   )

⓫ 다음 한자의 ㉠획은 몇 번째 쓰는지 아래에서 찾아 그 번호를 쓰세요.

① 첫 번째   ② 두 번째   ③ 세 번째   ④ 네 번째
⑤ 다섯 번째   ⑥ 여섯 번째   ⑦ 일곱 번째   ⑧ 여덟 번째
⑨ 아홉 번째   ⑩ 열 번째   ⑪ 열한 번째   ⑫ 열두 번째

(63) 變 (   )   (64) 兵 (   )   (65) 奉 (   )

5급 Ⅱ (8) 예상문제 정답

#	답	#	답	#	답
1	봉사	23	곱 배	45	和
2	행복	24	변할 변	46	合
3	병졸	25	복 복	47	死
4	변질	26	살 매	48	③
5	법원	27	없을 무	49	⑤
6	만배	28	법 법	50	②
7	무사	29	병사 병	51	③
8	매매	30	받들 봉	52	①
9	매입	31	野望	53	⑤
10	덕망	32	不買	54	④
11	봉별	33	賣出	55	①
12	복리	34	無能	56	③
13	병법	35	倍加	57	물건을 사지 않음
14	변색	36	法學	58	능력이 없는 것
15	법학	37	變色	59	빛깔이 달라짐
16	배가	38	兵法	60	号
17	무능	39	福利	61	画
18	매출	40	奉別	62	会
19	불매	41	特	63	①
20	야망	42	野	64	⑤
21	바랄 망	43	幸	65	⑤
22	팔 매	44	言		

▶ 다음 본문을 읽고, 필순에 맞게 한자를 쓰세요.

필순 : ー ト ト 比

比	부수
견줄 비	比 견줄 비

대할 대에 견줄 비는 對比이고요
　　　　　　　　　　대비
비교해 서로 비슷함 比等입니다.
　　　　　　　　비등

필순 : フ マ 弓 弓 串 弗 弗 弗 費 費 費 費

費	부수
쓸 비	貝 조개 패

쓸 비에 쓸 용은 費用이고요
　　　　　　　비용
배우는데 쓰는 비용 學費입니다.
　　　　　　　　학비

필순 : 自 自 自 自 自 自 自 鼻 鼻 鼻 鼻 鼻 鼻 鼻

鼻	부수
코 비	鼻 코 비

귀 이에 코 비는 耳鼻이고요
　　　　　　　이비
가장 먼저 시작한 사람 鼻祖입니다.
　　　　　　　　　비조

필순 : 丁 丫 才 氷 氷

氷	부수
얼음 빙	水 물 수

얼음 빙에 물 하는 氷河이고요
　　　　　　　　빙하
얼음물 氷水입니다.
　　　　빙수

필순 : 一 十 士

士	부수
선비 사	士 선비 사

배울 학에 선비 사는 學士이고요
　　　　　　　　　학사
이름난 선비 名士입니다.
　　　　　　명사

▶ 한자의 훈 음을 쓰고, 필순에 맞게 한자를 따라 쓰세요.

比	부수 比	比	比	比		견줄 비	견줄 비
견줄 비							
費	부수 貝	費	費	費		쓸 비	쓸 비
쓸 비							
鼻	부수 鼻	鼻	鼻	鼻		코 비	코 비
코 비							
氷	부수 水	氷	氷	氷		얼음 빙	얼음 빙
얼음 빙							
士	부수 士	士	士	士		선비 사	선비 사
선비 사							

▶ 다음 한자어를 쓰고, 낱말의 뜻을 쓰세요.

(1) 비등 (　　　):

(2) 학비 (　　　):

(3) 비조 (　　　):

(4) 빙수 (　　　):

(5) 명사 (　　　):

※ 오늘 배운 글자를 선생님께 「읽기점검」 한다 ⇨ 385자

▶ 다음 본문을 읽고, 필순에 맞게 한자를 쓰세요.

필순: ノ 亻 亻 什 仕 仕

仕	부수 人(亻)
섬길 사	사람 인

줄 급에 섬길 사는 給仕이고요
　　　　　　　　　　급사
벼슬을 하여 관아에 나감 出仕입니다.
　　　　　　　　　　　출사

필순: 丨 ㄅ 口 口 史 史

史	부수 口
사기 사	입 구

사기 사에 기록할 기는 史記이고요
　　　　　　　　　　사기
역사의 이야기 史話입니다.
　　　　　　사화

필순: 丨 口 日 田 田 思 思 思 思

思	부수 心
생각 사	마음 심

뜻 의에 생각 사는 意思이고요
　　　　　　　　　의사
마음속으로 생각함 思念입니다.
　　　　　　　　사념

필순: 一 十 才 木 杏 杏 杏 查 査

査	부수 木
조사할 사	나무 목

고를 조에 조사할 사는 調査이고요
　　　　　　　　　　　조사
그릇된 것을 조사하여 바로잡음 査正입니다.
　　　　　　　　　　　　　　사정

필순: 寫 寫 寫 寫 寫 寫 寫 寫 寫 寫 寫 寫 寫 寫 寫

寫	부수 宀
베낄 사	집 면

베낄 사에 날 생은 寫生이고요
　　　　　　　　　사생
원본을 베낀 문서 寫本입니다.
　　　　　　　　사본

▶ 한자의 훈 음을 쓰고, 필순에 맞게 한자를 따라 쓰세요.

仕 섬길 사	부수 人	仕	仕	仕	섬길 사	섬길 사
史 사기 사	부수 口	史	史	史	사기 사	사기 사
思 생각 사	부수 心	思	思	思	생각 사	생각 사
査 조사할 사	부수 木	査	査	査	조사할 사	조사할 사
寫 베낄 사	부수 宀	寫	寫	寫	베낄 사	베낄 사

▶ 다음 한자어를 쓰고, 낱말의 뜻을 쓰세요.

(1) 출사 (   ):

(2) 사화 (   ):

(3) 사념 (   ):

(4) 사정 (   ):

(5) 사본 (   ):

※ 오늘 배운 글자를 선생님께 「읽기점검」 한다 ⇨ 390자

▶ 다음 한자의 훈과 음을 쓰고, 한자를 따라 쓰세요.

吉	念	能	團	壇
談	當	德	到	島
都	獨	落	朗	冷
良	量	旅	歷	練
令	領	勞	料	流
類	陸	馬	末	亡
望	買	賣	無	倍
法	變	兵	福	奉
比	費	鼻	氷	士
仕	史	思	査	寫

▶ 다음 한자의 훈과 음에 맞는 한자를 쓰세요.

길할 길	생각 념	능할 능	둥글 단	단 단
말씀 담	마땅 당	큰 덕	이를 도	섬 도
도울 도	홀로 독	떨어질 락	밝을 랑	찰 랭
어질 량	헤아릴 량	나그네 려	지날 력	익힐 련
하여금 령	거느릴 령	일할 로	헤아릴 료	흐를 류
무리 류	뭍 륙	말 마	끝 말	망할 망
바랄 망	살 매	팔 매	없을 무	곱 배
법 법	변할 변	병사 병	복 복	받들 봉
견줄 비	쓸 비	코 비	얼음 빙	선비 사
섬길 사	사기 사	생각 사	조사할 사	베낄 사

▶ 다음 한자어의 독음을 쓰고, 한자어를 따라 쓰세요.

寫	生	調	查	意	思	史	記
給	仕	學	士	氷	河	耳	鼻
費	用	對	比	寫	本	查	正
思	念	史	話	出	仕	名	士
氷	水	鼻	祖	學	費	比	等

▶ 다음 독음에 맞는 한자어를 쓰세요.

사	생	조	사	의	사	사	기
급	사	학	사	빙	하	이	비
비	용	대	비	사	본	사	정
사	념	사	화	출	사	명	사
빙	수	비	조	학	비	비	등

5급Ⅱ(9) 예상문제

❶ 다음 漢字語의 讀音을 쓰세요.

1) 寫生 (　　　)　　2) 調査 (　　　)

3) 意思 (　　　)　　4) 史記 (　　　)

5) 給仕 (　　　)　　6) 學士 (　　　)

7) 氷河 (　　　)　　8) 耳鼻 (　　　)

9) 費用 (　　　)　　10) 對比 (　　　)

11) 寫本 (　　　)　　12) 査正 (　　　)

13) 思念 (　　　)　　14) 史話 (　　　)

15) 出仕 (　　　)　　16) 名士 (　　　)

17) 氷水 (　　　)　　18) 鼻祖 (　　　)

19) 學費 (　　　)　　20) 比等 (　　　)

❷ 다음 漢字의 訓과 音을 쓰세요.

21) 比 (　　　)　　22) 鼻 (　　　)

23) 士 (　　　)　　24) 史 (　　　)

25) 査 (　　　)　　26) 費 (　　　)

27) 氷 (　　　)　　28) 仕 (　　　)

29) 思 (　　　)　　30) 寫 (　　　)

❸ 다음 밑줄 친 漢字語를 漢字로 쓰세요.

31) 실력이 <u>비등</u>하다. ……………………………… (　　　　)
32) <u>학비</u>를 벌어가며 공부하다. ………………………… (　　　　)
33) 가장 먼저 시작한 사람을 <u>비조</u>라 한다. …… (　　　　)
34) 팥<u>빙수</u>를 먹으니 더위가 싹 가신다. ………… (　　　　)
35) 각계각층의 <u>명사</u>들이 참석했다. ………………… (　　　　)
36) 벼슬을 하여 관아에 <u>출사</u>하다. ………………… (　　　　)
37) 조선시대의 <u>사화</u>를 들었다. ……………………… (　　　　)
38) 그는 온갖 <u>사념</u> 속에 빠져들었다. ……………… (　　　　)
39) 그릇된 관행을 <u>사정</u>하였다. ……………………… (　　　　)
40) 농협통장 <u>사본</u>을 제출하다. ……………………… (　　　　)

❹ 다음 訓과 音에 맞는 漢字를 쓰세요.

41) 날랠 용 (　　　)　　42) 기름 유 (　　　)
43) 뜻　의 (　　　)　　44) 글　장 (　　　)
45) 뜰　정 (　　　)

❺ 다음 漢字와 뜻이 상대 또는 反對되는 漢字를 쓰세요.

46) 訓 (　　　) ① 山　② 主　③ 學　④ 長
47) 朝 (　　　) ① 別　② 夕　③ 生　④ 古

5급Ⅱ(9) 예상문제   월 일 / 확인

❻ 다음 (   )안에 들어갈 漢字를 아래에서 찾아 그 번호를 쓰세요.

> ① 百   ② 問   ③ 社   ④ 生   ⑤ 千

48) 信用(　　)會 : 믿어 의심치 않고 사는 사회

49) 不遠(　　)里 : 천리 길도 멀다고 여기지 않음

50) 百戰(　　)勝 : 백번 싸워 백번 이김

❼ 다음 漢字와 뜻이 같거나 비슷한 漢字를 아래에서 찾아 그 번호를 쓰세요.

> ① 會   ② 林   ③ 數   ④ 語   ⑤ 洋

51) 樹 (　　)   52) 言 (　　)

53) 海 (　　)

❽ 다음 漢字와 음은 같은데 뜻이 다른 漢字를 아래에서 찾아 그 번호를 쓰세요.

> ① 類   ② 觀   ③ 比   ④ 急   ⑤ 史

54) 費 (　　)   55) 査 (　　)

56) 關 (　　)

❾ 다음 漢字語의 뜻을 쓰세요.

57) 學費 :

58) 氷水 :

59) 名士 :

❿ 다음 漢字의 略字(약자 : 획수를 줄인 漢字)를 쓰세요.

① 挙 ② 体 ③ 価 ④ 軽 ⑤ 昼

60) 價 (   )　　　　61) 擧 (   )

62) 輕 (   )

⓫ 다음 한자의 ㉠획은 몇 번째 쓰는지 아래에서 찾아 그 번호를 쓰세요.

① 첫 번째　② 두 번째　③ 세 번째　④ 네 번째
⑤ 다섯 번째　⑥ 여섯 번째　⑦ 일곱 번째　⑧ 여덟 번째
⑨ 아홉 번째　⑩ 열 번째　⑪ 열한 번째　⑫ 열두 번째

(63) 比 (   )　　(64) 費 (   )　　(65) 史 (   )

5급Ⅱ(9) 예상문제 정답

1	사생	23	선비 사	45	庭
2	조사	24	사기 사	46	學
3	의사	25	조사할 사	47	夕
4	사기	26	쓸 비	48	③
5	급사	27	얼음 빙	49	⑤
6	학사	28	섬길 사	50	①
7	빙하	29	생각 사	51	②
8	이비	30	베낄 사	52	④
9	비용	31	比等	53	⑤
10	대비	32	學費	54	③
11	사본	33	鼻祖	55	⑤
12	사정	34	氷水	56	②
13	사념	35	名士	57	배우는데 쓰는 비용
14	사화	36	出仕	58	얼음물
15	출사	37	史話	59	이름난 선비
16	명사	38	思念	60	価
17	빙수	39	査正	61	挙
18	비조	40	寫本	62	軽
19	학비	41	勇	63	③
20	비등	42	油	64	③
21	견줄 비	43	意	65	④
22	코 비	44	章		

▶ 다음 본문을 읽고, 필순에 맞게 한자를 쓰세요.

필순 : 立 产 产 立 产 产 产 产 產 產 產

産	부수 生 날 생
낳을 산	

날 생에 낳을 산은 生產이고요
　　　　　　　　　　생산
아이를 낳음 出産입니다.
　　　　　　출산

필순 : 一 十 才 木 札 朾 相 相 相 相

相	부수 目 눈 목
서로 상	

서로 상에 대할 대는 相對이고요
　　　　　　　　　　상대
서로 뜻이 통하는 것 相通입니다.
　　　　　　　　　　상통

필순 : 商 商 商 商 商 商 商 商 商 商 商

商	부수 口 입 구
장사 상	

장사 상에 가게 점은 商店이고요
　　　　　　　　　　상점
장사하는 사업 商業입니다.
　　　　　　　상업

필순 : 賞 賞 賞 賞 賞 賞 賞 賞 賞 賞 賞 賞 賞 賞 賞

賞	부수 貝 조개 패
상줄 상	

상줄 상에 물건 품은 賞品이고요
　　　　　　　　　　상품
상으로 주는 돈 賞金입니다.
　　　　　　　상금

필순 : 广 广 广 序 序 序 序

序	부수 广 집 엄
차례 서	

순할 순에 차례 서는 順序이고요
　　　　　　　　　　순서
책의 머리말 序文입니다.
　　　　　　서문

▶ 한자의 훈 음을 쓰고, 필순에 맞게 한자를 따라 쓰세요.

産	부수 生	産	産	産		
낳을 산					낳을 산	낳을 산
相	부수 目	相	相	相		
서로 상					서로 상	서로 상
商	부수 口	商	商	商		
장사 상					장사 상	장사 상
賞	부수 貝	賞	賞	賞		
상줄 상					상줄 상	상줄 상
序	부수 广	序	序	序		
차례 서					차례 서	차례 서

▶ 다음 한자어를 쓰고, 낱말의 뜻을 쓰세요.

(1) 출산 (   ):

(2) 상통 (   ):

(3) 상업 (   ):

(4) 상금 (   ):

(5) 서문 (   ):

※ 오늘 배운 글자를 선생님께 「읽기점검」 한다 ⇨ 395자

▶ 다음 본문을 읽고, 필순에 맞게 한자를 쓰세요.

필순 : ノ 亻 亻 仙 仙

仙	부수
신선 선	人(亻) 사람 인

신선 선에 사람 인은 仙人이고요
            (선인)
선경에 사는 사람 神仙입니다.
            (신선)

필순 : ノ 丿 冂 凢 月 舟 舟 舢 舩 船 船

船	부수
배 선	舟 배 주

고기잡을 어에 배 선은 漁船이고요
                (어선)
상업상 목적에 쓰는 선박 商船입니다.
                (상선)

필순 : 丶 丷 䒑 䒑 䒑 羊 羊 䔅 善 善 善

善	부수
착할 선	口 입 구

친할 친에 착할 선은 親善이고요
                (친선)
좋은 일에 씀 善用입니다.
            (선용)

필순 : 㢰 㢰 巳 咢 咢 吅 吅 𨺅 㠷 巽 巽 巽 選 選 選

選	부수
가릴 선	辵(辶) 갈 착

가릴 선에 손 수는 選手이고요
                (선수)
대표자를 가려 뽑음 選擧입니다.
                    (선거)

필순 : 夕 夕 刍 刍 刍 甪 甪 角 魚 魚 魚 魚 鮮 鮮 鮮 鮮

鮮	부수
고울 선	魚 고기 어

고울 선에 밝을 명은 鮮明이고요
                (선명)
새롭고 산뜻함 新鮮입니다.
            (신선)

④ - 130

▶ 한자의 훈 음을 쓰고, 필순에 맞게 한자를 따라 쓰세요.

仙	부수 人	仙	仙	仙		
신선 선					신선 선	신선 선
船	부수 舟	船	船	船		
배 선					배 선	배 선
善	부수 口	善	善	善		
착할 선					착할 선	착할 선
選	부수 辵	選	選	選		
가릴 선					가릴 선	가릴 선
鮮	부수 魚	鮮	鮮	鮮		
고울 선					고울 선	고울 선

▶ 다음 한자어를 쓰고, 낱말의 뜻을 쓰세요.

(1) 신선 (   ):

(2) 상선 (   ):

(3) 선용 (   ):

(4) 선거 (   ):

(5) 신선 (   ):

※ 오늘 배운 글자를 선생님께 「읽기점검」한다 ⇨ 400자

▶ 다음 한자의 훈과 음을 쓰고, 한자를 따라 쓰세요.

都	獨	落	朗	冷
良	量	旅	歷	練
令	領	勞	料	流
類	陸	馬	末	亡
望	買	賣	無	倍
法	變	兵	福	奉
比	費	鼻	氷	士
仕	史	思	査	寫
産	相	商	賞	序
仙	船	善	選	鮮

다음 한자의 훈과 음에 맞는 한자를 쓰세요.

도읍 도	홀로 독	떨어질 락	밝을 랑	찰 랭
어질 량	헤아릴 량	나그네 려	지날 력	익힐 련
하여금 령	거느릴 령	일할 로	헤아릴 료	흐를 류
무리 류	뭍 륙	말 마	끝 말	망할 망
바랄 망	살 매	팔 매	없을 무	곱 배
법 법	변할 변	병사 병	복 복	받들 봉
견줄 비	쓸 비	코 비	얼음 빙	선비 사
섬길 사	사기 사	생각 사	조사할 사	베낄 사
낳을 산	서로 상	장사 상	상줄 상	차례 서
신선 선	배 선	착할 선	가릴 선	고울 선

▶ 다음 한자어의 독음을 쓰고, 한자어를 따라 쓰세요.

鮮	明	選	手	親	善	漁	船
仙	人	順	序	賞	品	商	店
相	對	生	産	新	鮮	選	擧
善	用	商	船	神	仙	序	文
賞	金	商	業	相	通	出	産

▶ 다음 독음에 맞는 한자어를 쓰세요.

선	명	선	수	친	선	어	선
선	인	순	서	상	품	상	점
상	대	생	산	신	선	선	거
선	용	상	선	신	선	서	문
상	금	상	업	상	통	출	산

5급 II (10) 예상문제 월 일 / 확인

❶ 다음 漢字語의 讀音을 쓰세요.

1) 鮮明 (　　　)　　2) 選手 (　　　)
3) 親善 (　　　)　　4) 漁船 (　　　)
5) 仙人 (　　　)　　6) 順序 (　　　)
7) 賞品 (　　　)　　8) 商店 (　　　)
9) 相對 (　　　)　　10) 生産 (　　　)
11) 新鮮 (　　　)　　12) 選擧 (　　　)
13) 善用 (　　　)　　14) 商船 (　　　)
15) 神仙 (　　　)　　16) 序文 (　　　)
17) 賞金 (　　　)　　18) 商業 (　　　)
19) 相通 (　　　)　　20) 出産 (　　　)

❷ 다음 漢字의 訓과 音을 쓰세요.

21) 産 (　　　)　　22) 商 (　　　)
23) 序 (　　　)　　24) 船 (　　　)
25) 選 (　　　)　　26) 相 (　　　)
27) 賞 (　　　)　　28) 仙 (　　　)
29) 善 (　　　)　　30) 鮮 (　　　)

❸ 다음 밑줄 친 漢字語를 漢字로 쓰세요.

31) 여자아이를 출산하다. ……………………………… (　　　　)
32) 피차간에 상통되는 점이 많다. ………………… (　　　　)
33) 장사하는 사업을 상업이라 한다. ……………… (　　　　)
34) 1등에게 상금을 걸다. …………………………… (　　　　)
35) 책의 머리말을 서문이라 한다. ………………… (　　　　)
36) 깊은 산속에서 신선을 만나다. ………………… (　　　　)
37) 인천 앞바다에 상선이 오가고 있었다. ……… (　　　　)
38) 여가를 선용하다. ………………………………… (　　　　)
39) 대통령 선거에 출마하다. ………………………… (　　　　)
40) 신선한 생선을 요리하다. ………………………… (　　　　)

❹ 다음 訓과 音에 맞는 漢字를 쓰세요.

41) 부을 주 (　　　　)　　42) 몸　체 (　　　　)
43) 겉　표 (　　　　)　　44) 향할 향 (　　　　)
45) 그림 화 (　　　　)

❺ 다음 漢字와 뜻이 상대 또는 反對되는 漢字를 쓰세요.

46) 死 (　　　) ① 山　② 活　③ 孫　④ 長
47) 物 (　　　) ① 別　② 夜　③ 心　④ 古

5급Ⅱ(10) 예상문제   월 일 / 확인

❻ 다음 ( )안에 들어갈 漢字를 아래에서 찾아 그 번호를 쓰세요.

① 石　② 長　③ 江　④ 生　⑤ 工

48) 八道( )山 : 팔도의 우리나라 강과 산

49) 土木( )事 : 흙과 나무 등을 사용하는 도로·항만 등의 공사

50) 一( )一短 : 하나의 장점도 있고, 하나의 단점도 있음

❼ 다음 漢字와 뜻이 같거나 비슷한 漢字를 아래에서 찾아 그 번호를 쓰세요.

① 會　② 綠　③ 數　④ 直　⑤ 第

51) 靑 ( )　　52) 正 ( )

53) 番 ( )

❽ 다음 漢字와 음은 같은데 뜻이 다른 漢字를 아래에서 찾아 그 번호를 쓰세요.

① 類　② 線　③ 算　④ 急　⑤ 相

54) 産 ( )　　55) 商 ( )

56) 選 ( )

9 다음 漢字語의 뜻을 쓰세요.

57) 出産 :

58) 賞金 :

59) 善用 :

10 다음 漢字의 略字(약자 : 획수를 줄인 漢字)를 쓰세요.

① 広 ② 観 ③ 戦 ④ 関 ⑤ 昼

60) 關 (   )   61) 觀 (   )

62) 廣 (   )

11 다음 한자의 ㉠획은 몇 번째 쓰는지 아래에서 찾아 그 번호를 쓰세요.

① 첫 번째   ② 두 번째   ③ 세 번째   ④ 네 번째
⑤ 다섯 번째 ⑥ 여섯 번째 ⑦ 일곱 번째 ⑧ 여덟 번째
⑨ 아홉 번째 ⑩ 열 번째   ⑪ 열한 번째 ⑫ 열두 번째

(63) 産 (   )   (64) 仙 (   )   (65) 序 (   )

5급Ⅱ(10) 예상문제 정답

1	선명	23	차례 서	45	畫
2	선수	24	배 선	46	活
3	친선	25	가릴 선	47	心
4	어선	26	서로 상	48	③
5	선인	27	상줄 상	49	⑤
6	순서	28	신선 선	50	②
7	상품	29	착할 선	51	②
8	상점	30	고울 선	52	④
9	상대	31	出産	53	⑤
10	생산	32	相通	54	③
11	신선	33	商業	55	⑤
12	선거	34	賞金	56	②
13	선용	35	序文	57	아이를 낳음
14	상선	36	神仙	58	상으로 주는 돈
15	신선	37	商船	59	좋은 일에 씀
16	서문	38	善用	60	関
17	상금	39	選擧	61	観
18	상업	40	新鮮	62	広
19	상통	41	注	63	⑤
20	출산	42	體	64	③
21	낳을 산	43	表	65	⑥
22	장사 상	44	向		

※ 5급Ⅱ, 5급 시험은 초등한자 5(5급)를 익힌 후 응시해야합니다.

四字小學
사 자 소 학

父(아비부) 母(어미모) 無(없을무) 食(밥식) 이어든 부모님이 밥이 없으시거든
勿(말물) 思(생각사) 我(나아) 食(밥식) 하라 내 밥을 생각하지 말라

父(아비부) 母(어미모) 責(꾸짖을책) 之(어조사지) 어든 부모님이 꾸짖거든
勿(말물) 怒(성낼노) 勿(말물) 答(대답답) 하라 성내지 말고 말대답 하지 말라

母(말무) 登(오를등) 高(높을고) 樹(나무수) 하라 높은 나무에 오르지 말라
父(아비부) 母(어미모) 憂(근심우) 之(어조사지) 니라 부모님이 근심 하시느니라

勿(말물) 泳(헤엄칠영) 深(깊을심) 淵(못연) 하라 깊은 못에서 헤엄치지 말라
父(아비부) 母(어미모) 念(생각념) 之(어조사지) 니라 부모님이 염려 하시느니라

勿(말물) 與(더불여) 人(사람인) 鬪(싸움투) 하라 사람과 더불어 싸우지 말라
父(아비부) 母(어미모) 不(아닐불) 安(편안안) 이니라 부모님이 불안 해 하시느니라

室(방실) 堂(집당) 有(있을유) 塵(티끌진) 이어든 방과 대청마루에 티끌이 있거든
常(항상상) 必(반드시필) 灑(물뿌릴쇄) 掃(쓸소) 하라 항상 반드시 물 뿌리고 청소하라

6급(1) 기출·예상문제

시험시간: 50분 / 출제문항수: 90개 / 합격점: 63개

1 다음 漢字語한자어의 讀音을 쓰세요.

<보기>　　　漢字 → 한자

(1) 工場 (　　) (2) 交通 (　　) (3) 家門 (　　)
(4) 地區 (　　) (5) 光線 (　　) (6) 農事 (　　)
(7) 世界 (　　) (8) 野球 (　　) (9) 庭園 (　　)
(10) 公式 (　　) (11) 民族 (　　) (12) 面目 (　　)
(13) 集合 (　　) (14) 重病 (　　) (15) 特別 (　　)
(16) 理由 (　　) (17) 運命 (　　) (18) 直角 (　　)
(19) 衣服 (　　) (20) 分班 (　　) (21) 始作 (　　)
(22) 東窓 (　　) (23) 太陽 (　　) (24) 高空 (　　)
(25) 石油 (　　) (26) 注入 (　　) (27) 每番 (　　)
(28) 信號 (　　) (29) 神主 (　　) (30) 自然 (　　)
(31) 業苦 (　　) (32) 靑果 (　　) (33) 失手 (　　)

2 다음 漢字의 訓과 音을 쓰세요.

<보기>　　　字 → 글자 자

(34) 放 (　　) (35) 代 (　　) (36) 習 (　　)
(37) 半 (　　) (38) 用 (　　) (39) 利 (　　)
(40) 本 (　　) (41) 愛 (　　) (42) 開 (　　)
(43) 根 (　　) (44) 路 (　　) (45) 使 (　　)
(46) 江 (　　) (47) 頭 (　　) (48) 醫 (　　)
(49) 感 (　　) (50) 科 (　　) (51) 禮 (　　)
(52) 等 (　　) (53) 間 (　　) (54) 勝 (　　)
(55) 待 (　　) (56) 者 (　　)

3 다음 밑줄 친 漢字語를 漢字로 쓰세요.

(57) 동물원에 가서 사자를 보았다. ……………………… (　　　)
(58) 오색이 찬란하게 빛난다. …………………………… (　　　)
(59) 성명은 한자로 쓰자. …………………………………… (　　　)
(60) 주소를 알고 집을 찾는다. …………………………… (　　　)
(61) 정오에 북이 울린다. …………………………………… (　　　)
(62) 늙어서 편안하게 산다. ………………………………… (　　　)
(63) 수학 공부가 어려웠다. ………………………………… (　　　)
(64) 10시에 외출하였다. ……………………………………… (　　　)
(65) 조상의 은덕을 입었다. ………………………………… (　　　)
(66) 백만 명의 청중이 모였다. …………………………… (　　　)
(67) 식후 30분에 약을 먹었다. …………………………… (　　　)
(68) 인심을 잡아야 성공한다. …………………………… (　　　)
(69) 화초가 아름답게 피었다. …………………………… (　　　)
(70) 해군의 힘이 아주 강하다. …………………………… (　　　)
(71) 읍내에 백화점이 생겼다. …………………………… (　　　)
(72) 그 도시의 시장으로 선출되었다. ………………… (　　　)
(73) 대기 오염이 심각하다. ………………………………… (　　　)
(74) 식목일에 나무를 심었다. …………………………… (　　　)
(75) 독감으로 휴교한 일도 있다. ……………………… (　　　)
(76) 그는 선천적으로 그림을 잘 그렸다. ………… (　　　)

4 다음 漢字의 反對字 또는 相對字상대자를 골라 번호를 쓰세요.

(77) 古 (　　　) : ① 反　② 新　③ 方　④ 成
(78) 死 (　　　) : ① 京　② 童　③ 生　④ 立

5 다음 ( )에 들어갈 漢字를 <보기>에서 찾아 그 번호를 쓰세요.

<보기>
① 今 ② 年 ③ 少 ④ 口

(79) ( )月日時

(80) 多( )不計

6 다음 漢字와 뜻이 비슷한 漢字를 골라 그 번호를 쓰세요.

(81) 圖 ( ) : ① 章 ② 畫 ③ 登 ④ 父

(82) 話 ( ) : ① 記 ② 端 ③ 書 ④ 言

7 다음에서 소리는 같으나 뜻이 다른 漢字를 골라 그 번호를 쓰세요.

(83) 部 ( ) : ① 夫 ② 北 ③ 白 ④ 山

(84) 美 ( ) : ① 十 ② 永 ③ 有 ④ 米

(86) 弱 ( ) : ① 育 ② 藥 ③ 電 ④ 親

8 다음 漢字語의 뜻을 풀이하세요.

<보기> 登山 : 산에 오름

(86) 昨夜 :

(87) 淸明 :

9 다음 ㉠획은 몇 번째 쓰는지 아래에서 찾아 그 번호를 쓰세요.

① 첫 번째   ② 두 번째   ③ 세 번째   ④ 네 번째
⑤ 다섯 번째 ⑥ 여섯 번째 ⑦ 일곱 번째 ⑧ 여덟 번째
⑨ 아홉 번째 ⑩ 열 번째   ⑪ 열한 번째 ⑫ 열두 번째

(88) 親㉠ ( )   (89) 畫㉠ ( )   (90) 雪㉠ ( )

6급(1) 기출·예상문제 정답

1	공장	24	고공	47	머리 두	70	海軍
2	교통	25	석유	48	의원 의	71	邑內
3	가문	26	주입	49	느낄 감	72	市長
4	지구	27	매번	50	과목 과	73	大氣
5	광선	28	신호	51	예도 례	74	植木
6	농사	29	신주	52	무리 등	75	休校
7	세계	30	자연	53	사이 간	76	先天
8	야구	31	업고	54	이길 승	77	② 新
9	정원	32	청과	55	기다릴 대	78	③ 生
10	공식	33	실수	56	놈 자	79	② 年
11	민족	34	놓을 방	57	動物	80	③ 少
12	면목	35	대신할 대	58	五色	81	② 畵
13	집합	36	익힐 습	59	姓名	82	④ 言
14	중병	37	반 반	60	住所	83	① 夫
15	특별	38	쓸 용	61	正午	84	④ 米
16	이유	39	이할 리	62	便安	85	② 藥
17	운명	40	근본 본	63	數學	86	어젯밤
18	직각	41	사랑 애	64	外出	87	(날씨가)맑고 밝음
19	의복	42	열 개	65	祖上	88	⑪
20	분반	43	뿌리 근	66	百萬	89	⑥
21	시작	44	길 로	67	食後	90	⑩
22	동창	45	부릴 사 하여금 사	68	人心		
23	태양	46	강 강	69	花草		

6급(2) 기출·예상문제

시험시간: 50분 / 출제문항수: 90개 / 합격점: 63개

1 다음 漢字語(한자어)의 讀音을 쓰세요.

<보기>   漢字 → 한자

(1) 頭角 (   )   (2) 球速 (   )   (3) 意外 (   )
(4) 少女 (   )   (5) 現場 (   )   (6) 米飮 (   )
(7) 天命 (   )   (8) 圖表 (   )   (9) 社交 (   )
(10) 歌手 (   )   (11) 北風 (   )   (12) 道路 (   )
(13) 消失 (   )   (14) 共有 (   )   (15) 午前 (   )
(16) 樂園 (   )   (17) 溫氣 (   )   (18) 出席 (   )
(19) 自然 (   )   (20) 醫學 (   )   (21) 感電 (   )
(22) 古代 (   )   (23) 林野 (   )   (24) 禮服 (   )
(25) 和色 (   )   (26) 神童 (   )   (27) 區別 (   )
(28) 成事 (   )   (29) 話術 (   )   (30) 夜光 (   )
(31) 科目 (   )   (32) 根本 (   )   (33) 開發 (   )

2 다음 漢字의 訓과 音을 쓰세요.

<보기>   字 → 글자 자

(34) 始 (   )   (35) 夫 (   )   (36) 愛 (   )
(37) 夏 (   )   (38) 所 (   )   (39) 男 (   )
(40) 急 (   )   (41) 放 (   )   (42) 京 (   )
(43) 計 (   )   (44) 明 (   )   (45) 美 (   )
(46) 九 (   )   (47) 近 (   )   (48) 東 (   )
(49) 理 (   )   (50) 待 (   )   (51) 短 (   )
(52) 農 (   )   (53) 强 (   )   (54) 苦 (   )
(55) 分 (   )   (56) 感 (   )

3 다음 밑줄 친 漢字語를 漢字로 쓰세요.

(57) <u>정문</u>으로 들어갔다 후문으로 나오다. ·················· (　　　)
(58) 나는 육군보다 <u>해군</u>에 입대하고 싶다. ················· (　　　)
(59) 건설 현장에서는 벌써 <u>토목</u> 공사를 시작하였다. ····· (　　　)
(60) 그는 <u>시장</u> 선거에 출마할 예정이다. ······················· (　　　)
(61) 우리는 곧 <u>중대</u> 결정을 내려야 한다. ···················· (　　　)
(62) 지금하신 대답은 과연 <u>명답</u>이다. ··························· (　　　)
(63) 그분은 <u>노년</u>이신데도 청년 같아 보인다. ·················· (　　　)
(64) 이 풍경화는 내가 살던 <u>산촌</u>을 그린 것이다. ··········· (　　　)
(65) 그들은 다급한 상황에 <u>직면</u>하였다. ························· (　　　)
(66) 봄이 되어 <u>강남</u> 갔던 제비가 돌아왔다. ··················· (　　　)
(67) 한국인의 <u>주식</u>은 쌀이다. ······································ (　　　)
(68) 오늘은 봄의 시작을 알리는 <u>입춘</u>이다. ····················· (　　　)
(69) 그의 취미는 <u>화초</u> 가꾸기이다. ······························· (　　　)
(70) 추석은 음력 <u>팔월</u>에 있다. ···································· (　　　)
(71) 우리 마을에는 부모를 잘 모시는 <u>효자</u>가 많다. ········ (　　　)
(72) 올해 달력을 보니 <u>휴일</u>이 적다. ···························· (　　　)
(73) 요즘 인구는 감소하지만 <u>가구</u> 수는 늘고 있다. ········ (　　　)
(74) 기분에 <u>좌우</u>되어 일을 처리해서는 안 된다. ············ (　　　)
(75) 우리가 쉴 수 있는 휴식 <u>공간</u>이 바로 여기다. ·········· (　　　)
(76) 여기가 우리집안 <u>선조</u>를 모신 사당이다. ·················· (　　　)

4 다음 漢字의 反對字 또는 相對字상대자를 골라 번호를 쓰세요.

(77) 心 (　　　) : ① 習　② 號　③ 弟　④ 體
(78) 夕 (　　　) : ① 朝　② 地　③ 每　④ 形

5 다음 ( )에 들어갈 漢字를 <보기>에서 찾아 그 번호를 쓰세요.

<보기>
① 等   ② 多   ③ 族   ④ 育

(79) 千萬(   )幸

(80) 全人敎(   )

6 다음 漢字와 뜻이 비슷한 漢字를 골라 그 번호를 쓰세요.

(81) 番 (   ) : ① 來   ② 後   ③ 第   ④ 藥

(82) 室 (   ) : ① 特   ② 堂   ③ 冬   ④ 姓

7 다음에서 소리는 같으나 뜻이 다른 漢字를 골라 그 번호를 쓰세요.

(83) 陽 (   ) : ① 向   ② 遠   ③ 洋   ④ 黃

(84) 記 (   ) : ① 旗   ② 度   ③ 利   ④ 油

(85) 反 (   ) : ① 育   ② 藥   ③ 班   ④ 親

8 다음 漢字語의 뜻을 풀이하세요.

<보기> 登山 : 산에 오름

(86) 白雪 :

(87) 植樹 :

9 다음 ㉠획은 몇 번째 쓰는지 아래에서 찾아 그 번호를 쓰세요.

① 첫 번째   ② 두 번째   ③ 세 번째   ④ 네 번째
⑤ 다섯 번째   ⑥ 여섯 번째   ⑦ 일곱 번째   ⑧ 여덟 번째
⑨ 아홉 번째   ⑩ 열 번째   ⑪ 열한 번째   ⑫ 열두 번째

(88) 數 (   )   (89) 算 (   )   (90) 農 (   )

6급(2) 기출·예상문제 정답

#	답	#	답	#	답	#	답
1	두각	24	예복	47	가까울 근	70	八月
2	구속	25	화색	48	동녘 동	71	孝子
3	의외	26	신동	49	다스릴 리	72	休日
4	소녀	27	구별	50	기다릴 대	73	家口
5	현장	28	성사	51	짧을 단	74	左右
6	미음	29	화술	52	농사 농	75	空間
7	천명	30	야광	53	강할 강	76	先祖
8	도표	31	과목	54	쓸 고	77	④ 體
9	사교	32	근본	55	나눌 분	78	① 朝
10	가수	33	개발	56	느낄 감	79	② 多
11	북풍	34	비로소 시	57	正門	80	④ 育
12	도로	35	지아비 부	58	海軍	81	③ 第
13	소실	36	사랑 애	59	土木	82	② 堂
14	공유	37	여름 하	60	市長	83	③ 洋
15	오전	38	바 소	61	重大	84	① 旗
16	낙원	39	사내 남	62	名答	85	③ 班
17	온기	40	급할 급	63	老年	86	흰 눈
18	출석	41	놓을 방	64	山村	87	나무를 심음
19	자연	42	서울 경	65	直面	88	⑧
20	의학	43	셈 계	66	江南	89	⑫
21	감전	44	밝을 명	67	主食	90	⑧
22	고대	45	아름다울 미	68	立春		
23	임야	46	아홉 구	69	花草		

6급(3) 기출·예상문제

시험시간: 50분 / 출제문항수: 90개 / 합격점: 63개

1 다음 漢字語한자어의 讀音을 쓰세요.

<보기>　　　漢字 → 한자

(1) 時間 (　　)　(2) 地球 (　　)　(3) 圖書 (　　)
(4) 上京 (　　)　(5) 光線 (　　)　(6) 成果 (　　)
(7) 近代 (　　)　(8) 農事 (　　)　(9) 工科 (　　)
(10) 感動 (　　)　(11) 高等 (　　)　(12) 根本 (　　)
(13) 童話 (　　)　(14) 區分 (　　)　(15) 正答 (　　)
(16) 頭目 (　　)　(17) 强度 (　　)　(18) 道理 (　　)
(19) 計算 (　　)　(20) 來世 (　　)　(21) 利用 (　　)
(22) 老弱 (　　)　(23) 開發 (　　)　(24) 白米 (　　)
(25) 禮物 (　　)　(26) 生命 (　　)　(27) 孝女 (　　)
(28) 放火 (　　)　(29) 美軍 (　　)　(30) 方言 (　　)
(31) 所聞 (　　)　(32) 綠色 (　　)　(33) 後孫 (　　)

2 다음 漢字의 訓과 音을 쓰세요.

<보기>　　　字 → 글자 자

(34) 堂 (　　)　(35) 待 (　　)　(36) 短 (　　)
(37) 路 (　　)　(38) 李 (　　)　(39) 例 (　　)
(40) 別 (　　)　(41) 苦 (　　)　(42) 席 (　　)
(43) 角 (　　)　(44) 服 (　　)　(45) 術 (　　)
(46) 神 (　　)　(47) 由 (　　)　(48) 陽 (　　)
(49) 作 (　　)　(50) 洋 (　　)　(51) 始 (　　)
(52) 意 (　　)　(53) 特 (　　)　(54) 注 (　　)
(55) 親 (　　)　(56) 勝 (　　)

3 다음 밑줄 친 漢字語를 漢字로 쓰세요.

(57) <u>매일</u> 도서관에 간다. ……………………………… (　　　)
(58) 많은 <u>시민</u>들이 운동장에 모였다. …………………… (　　　)
(59) 그는 <u>수족</u>이 차고 얼굴이 창백하다. ……………… (　　　)
(60) <u>식목</u>일에 나무를 심는다. …………………………… (　　　)
(61) <u>식전</u>에 냉수를 한 컵 마신다. ……………………… (　　　)
(62) <u>오월</u> 오일은 어린이 날이다. ……………………… (　　　)
(63) <u>청년</u>들은 모두 전쟁터로 갔다. …………………… (　　　)
(64) 많은 <u>백성</u>들이 그를 존경하였다. ………………… (　　　)
(65) 우리는 적들을 <u>이중</u>으로 포위하였다. …………… (　　　)
(66) 많은 <u>인부</u>들이 공사장에서 일한다. ……………… (　　　)
(67) <u>출입</u>할 때는 신분증을 제시했다. ………………… (　　　)
(68) 감동적인 <u>장면</u>이 나오자 박수를 쳤다. …………… (　　　)
(69) <u>왕실</u>에서 뛰어난 선비들이 많이 나왔다. ………… (　　　)
(70) <u>자연</u> 속에서 좋은 하루를 보냈다. ………………… (　　　)
(71) <u>유명</u>한 시인들의 작품을 보았다. ………………… (　　　)
(72) 그는 <u>선천</u>적으로 아름다운 음성을 가졌다. ……… (　　　)
(73) <u>강촌</u>에 살면서 물고기를 잡았다. ………………… (　　　)
(74) 인간은 <u>직립</u>하는 동물이다. ……………………… (　　　)
(75) 마당에 예쁜 <u>화초</u>들이 피었다. …………………… (　　　)
(76) 일 년 <u>교육</u>을 받고 공장에서 일하고 있다. ……… (　　　)

4 다음 漢字의 反對字 또는 相對字_{상대자}를 골라 번호를 쓰세요.

(77) 多 (　　　) : ① 少　② 小　③ 牛　④ 番
(78) 冬 (　　　) : ① 登　② 夏　③ 車　④ 運

5 다음 ( )에 들어갈 漢字를 <보기>에서 찾아 그 번호를 쓰세요.

<보기>
① 主　② 夜　③ 男　④ 今

(79) 東西古(　　)

(80) 晝(　　)長川

6 다음 漢字와 뜻이 비슷한 漢字를 골라 그 번호를 쓰세요.

(81) 洞 (　　) : ① 寸　② 里　③ 住　④ 和

(82) 體 (　　) : ① 兄　② 藥　③ 戰　④ 身

7 다음에서 소리는 같으나 뜻이 다른 漢字를 골라 그 번호를 쓰세요.

(83) 公 (　　) : ① 功　② 交　③ 九　④ 郡

(84) 氣 (　　) : ① 急　② 空　③ 記　④ 死

(85) 英 (　　) : ① 才　② 永　③ 午　④ 中

8 다음 漢字語의 뜻을 풀이하세요.

<보기> 登山 : 산에 오름

(86) 樹林 :

(87) 海風 :

9 다음 ㉠획은 몇 번째 쓰는지 아래에서 찾아 그 번호를 쓰세요.

① 첫 번째　② 두 번째　③ 세 번째　④ 네 번째
⑤ 다섯 번째　⑥ 여섯 번째　⑦ 일곱 번째　⑧ 여덟 번째
⑨ 아홉 번째　⑩ 열 번째　⑪ 열한 번째　⑫ 열두 번째

(88) 校 (　)　(89) 族 (　) 　(90) 集 (　)

6급(3) 기출·예상문제 정답

1	시간	24	백미	47	말미암을 유	70	自然
2	지구	25	예물	48	볕 양	71	有名
3	도서	26	생명	49	지을 작	72	先天
4	상경	27	효녀	50	큰바다 양	73	江村
5	광선	28	방화	51	비로소 시	74	直立
6	성과	29	미군	52	뜻 의	75	花草
7	근대	30	방언	53	특별할 특	76	敎育
8	농사	31	소문	54	부을 주	77	① 少
9	공과	32	녹색	55	친할 친	78	② 夏
10	감동	33	후손	56	이길 승	79	④ 今
11	고등	34	집 당	57	每日	80	② 夜
12	근본	35	기다릴 대	58	市民	81	② 里
13	동화	36	짧을 단	59	手足	82	④ 身
14	구분	37	길 로	60	植木	83	① 功
15	정답	38	오얏/성 리	61	食前	84	③ 記
16	두목	39	법식 례	62	五月	85	② 永
17	강도	40	다를/나눌 별	63	靑年	86	나무가 우거진 숲
18	도리	41	쓸 고	64	百姓	87	바닷바람
19	계산	42	자리 석	65	二重	88	⑩
20	내세	43	뿔 각	66	人夫	89	⑨
21	이용	44	옷 복	67	出入	90	⑨
22	노약	45	재주 술	68	場面		
23	개발	46	귀신 신	69	王室		

6급(4) 기출·예상문제

시험시간: 50분 / 출제문항수: 90개 / 합격점: 63개

1 다음 漢字語한자어의 讀音을 쓰세요.

<보기>　　漢字 → 한자

(1) 幸運 (　　)　　(2) 書體 (　　)　　(3) 近親 (　　)
(4) 樂園 (　　)　　(5) 家庭 (　　)　　(6) 醫藥 (　　)
(7) 成果 (　　)　　(8) 强風 (　　)　　(9) 特使 (　　)
(10) 愛用 (　　)　　(11) 發現 (　　)　　(12) 番號 (　　)
(13) 計算 (　　)　　(14) 遠洋 (　　)　　(15) 路線 (　　)
(16) 公式 (　　)　　(17) 集合 (　　)　　(18) 角度 (　　)
(19) 勝利 (　　)　　(20) 等分 (　　)　　(21) 交戰 (　　)
(22) 新聞 (　　)　　(23) 病席 (　　)　　(24) 代表 (　　)
(25) 注目 (　　)　　(26) 溫度 (　　)　　(27) 苦待 (　　)
(28) 後半 (　　)　　(29) 米飮 (　　)　　(30) 消失 (　　)
(31) 別堂 (　　)　　(32) 共感 (　　)　　(33) 才童 (　　)

2 다음 漢字의 訓과 音을 쓰세요.

<보기>　　字 → 글자 자

(34) 功 (　　)　　(35) 孝 (　　)　　(36) 英 (　　)
(37) 身 (　　)　　(38) 朝 (　　)　　(39) 多 (　　)
(40) 郡 (　　)　　(41) 短 (　　)　　(42) 野 (　　)
(43) 勇 (　　)　　(44) 雪 (　　)　　(45) 術 (　　)
(46) 科 (　　)　　(47) 章 (　　)　　(48) 信 (　　)
(49) 根 (　　)　　(50) 昨 (　　)　　(51) 銀 (　　)
(52) 頭 (　　)　　(53) 部 (　　)　　(54) 通 (　　)
(55) 樹 (　　)　　(56) 急 (　　)

3 다음 밑줄 친 漢字語를 漢字로 쓰세요.

(57) 선생님께서 제자들에게 예절을 가르치십니다. ········ (　　　　)
(58) 정오가 되자 광장으로 사람들이 모여듭니다. ········ (　　　　)
(59) 창문을 열고 실내 공기를 바꾸었습니다. ············ (　　　　)
(60) 시립도서관이 문을 닫았습니다. ···················· (　　　　)
(61) 그는 입원한 노모를 정성껏 병시중하였습니다. ······ (　　　　)
(62) 우리마당에는 여러 해 식물들이 자라납니다. ········ (　　　　)
(63) 소방관들은 불속에서 많은 생명을 구합니다. ········ (　　　　)
(64) 그는 시간 날 때마다 책을 읽습니다. ·················· (　　　　)
(65) 지금 아버지는 외출하고 안 계십니다. ·············· (　　　　)
(66) 수천 명의 군인이 동원되었습니다. ·················· (　　　　)
(67) 이번 선거는 민주적으로 치러졌습니다. ············ (　　　　)
(68) 철수네 식구는 네 명입니다. ························ (　　　　)
(69) 그 공장은 생산 시설이 자동화되었습니다. ·········· (　　　　)
(70) 실내에서는 모자를 벗는 것이 예의입니다. ·········· (　　　　)
(71) 일정한 온도가 되면 자동으로 꺼집니다. ············ (　　　　)
(72) 농아들과 대화하기 위해서 수화를 배웠습니다. ······ (　　　　)
(73) 우리 형은 중학교에 입학하였습니다. ················ (　　　　)
(74) 해녀들이 바다 속에 뛰어들었습니다. ················ (　　　　)
(75) 주말에 가족들과 등산을 즐깁니다. ·················· (　　　　)
(76) 파도 때문에 여객선이 좌우로 흔들립니다. ·········· (　　　　)

4 다음 漢字의 反對字 또는 相對字상대자를 골라 번호를 쓰세요.

(77) 晝 (　　　) : ① 死　② 活　③ 里　④ 夜
(78) 古 (　　　) : ① 祖　② 今　③ 者　④ 林

5 다음 ( )에 들어갈 漢字를 <보기>에서 찾아 그 번호를 쓰세요.

<보기>
① 心   ② 綠   ③ 方   ④ 孫

(79) 行(　)不明

(80) 作(　)三日

6 다음 漢字와 뜻이 비슷한 漢字를 골라 그 번호를 쓰세요.

(81) 圖 (　) : ① 畫 ② 所 ③ 洞 ④ 寸

(82) 衣 (　) : ① 記 ② 世 ③ 服 ④ 村

7 다음에서 소리는 같으나 뜻이 다른 漢字를 골라 그 번호를 쓰세요.

(83) 油 (　) : ① 邑 ② 有 ③ 王 ④ 育

(84) 足 (　) : ① 住 ② 男 ③ 神 ④ 族

(85) 形 (　) : ① 兄 ② 南 ③ 和 ④ 向

8 다음 漢字語의 뜻을 풀이하세요.

<보기> 登山 : 산에 오름

(86) 姓名 :

(87) 車道 :

9 다음 ㉠획은 몇 번째 쓰는지 아래에서 찾아 그 번호를 쓰세요.

① 첫 번째   ② 두 번째   ③ 세 번째   ④ 네 번째
⑤ 다섯 번째   ⑥ 여섯 번째   ⑦ 일곱 번째   ⑧ 여덟 번째
⑨ 아홉 번째   ⑩ 열 번째   ⑪ 열한 번째   ⑫ 열두 번째

(88) 美 (　)   (89) 事 (　)   (90) 軍 (　)

6급(4) 기출·예상문제 정답

1	행운	24	대표	47	글 장	70	室內
2	서체	25	주목	48	믿을 신	71	自動
3	근친	26	온도	49	뿌리 근	72	手話
4	낙원	27	고대	50	어제 작	73	入學
5	가정	28	후반	51	은 은	74	海女
6	의약	29	미음	52	머리 두	75	登山
7	성과	30	소실	53	떼 부	76	左右
8	강풍	31	별당	54	통할 통	77	④ 夜
9	특사	32	공감	55	나무 수	78	② 今
10	애용	33	재동	56	급할 급	79	③ 方
11	발현	34	공공	57	弟子	80	① 心
12	번호	35	효도 효	58	正午	81	① 畫
13	계산	36	꽃부리 영	59	空氣	82	③ 服
14	원양	37	몸 신	60	市立	83	② 有
15	노선	38	아침 조	61	老母	84	④ 族
16	공식	39	많을 다	62	植物	85	① 兄
17	집합	40	고을 군	63	生命	86	성과 이름
18	각도	41	짧을 단	64	時間	87	찻길
19	승리	42	들 야	65	外出	88	⑥
20	등분	43	날랠 용	66	數千	89	⑥
21	교전	44	눈 설	67	民主	90	⑧
22	신문	45	재주 술	68	食口		
23	병석	46	과목 과	69	工場		

6급(5) 기출·예상문제

시험시간: 50분 / 출제문항수: 90개 / 합격점: 63개

1 다음 漢字語한자어의 讀音을 쓰세요.

<보기>　　　漢字 → 한자

(1) 共感 (　　)　(2) 使用 (　　)　(3) 親書 (　　)
(4) 立席 (　　)　(5) 作業 (　　)　(6) 戰線 (　　)
(7) 番號 (　　)　(8) 特別 (　　)　(9) 窓門 (　　)
(10) 始動 (　　)　(11) 公社 (　　)　(12) 電信 (　　)
(13) 學習 (　　)　(14) 算術 (　　)　(15) 美男 (　　)
(16) 放火 (　　)　(17) 分速 (　　)　(18) 石英 (　　)
(19) 衣服 (　　)　(20) 新綠 (　　)　(21) 意向 (　　)
(22) 本部 (　　)　(23) 强者 (　　)　(24) 成功 (　　)
(25) 雪夜 (　　)　(26) 平野 (　　)　(27) 身體 (　　)
(28) 勝運 (　　)　(29) 庭園 (　　)　(30) 海洋 (　　)
(31) 勇氣 (　　)　(32) 民族 (　　)　(33) 交通 (　　)

2 다음 漢字의 訓과 音을 쓰세요.

<보기>　　　字 → 글자 자

(34) 形 (　　)　(35) 朝 (　　)　(36) 溫 (　　)
(37) 數 (　　)　(38) 發 (　　)　(39) 失 (　　)
(40) 飮 (　　)　(41) 理 (　　)　(42) 消 (　　)
(43) 計 (　　)　(44) 太 (　　)　(45) 自 (　　)
(46) 式 (　　)　(47) 病 (　　)　(48) 目 (　　)
(49) 球 (　　)　(50) 陽 (　　)　(51) 等 (　　)
(52) 注 (　　)　(53) 表 (　　)　(54) 由 (　　)
(55) 時 (　　)　(56) 愛 (　　)

3 다음 밑줄 친 漢字語를 漢字로 쓰세요.

(57) 이 동네에 <u>화초</u> 파는 가게가 많다. ·············· (　　　)
(58) 그의 <u>부모</u>님은 교육자이시다. ················· (　　　)
(59) 읍내 <u>방면</u>으로 큰 길이 났다. ················· (　　　)
(60) <u>매일</u> 운동을 열심히 한다. ··················· (　　　)
(61) <u>생물</u>시간에 개구리를 해부했다. ··············· (　　　)
(62) 대국을 섬기는 <u>사대</u>사상을 버리자. ············· (　　　)
(63) 그 마을엔 <u>백년</u> 넘게 사는 사람이 많다. ········· (　　　)
(64) <u>농토</u>를 버리고 도시로 떠나는 사람이 많다. ······· (　　　)
(65) <u>노인</u>을 공경하는 사회를 만들자. ··············· (　　　)
(66) 토요일에 <u>등산</u> 가기로 했다. ·················· (　　　)
(67) <u>오색</u>이 찬란하게 빛난다. ···················· (　　　)
(68) <u>정직</u>하게 사는 사람이 성공한다. ··············· (　　　)
(69) 네가 건강하다니 <u>안심</u>이 된다. ················ (　　　)
(70) 어머니는 <u>내실</u>에 계신다. ···················· (　　　)
(71) <u>천연</u>자원을 아껴 써야한다. ·················· (　　　)
(72) <u>주소</u>만 가지고 집을 찾기가 쉽지 않다. ·········· (　　　)
(73) <u>시장</u>에 가서 과일을 샀다. ···················· (　　　)
(74) 그분은 훌륭한 <u>교육</u>자이시다. ················ (　　　)
(75) <u>소식</u>을 하는 것이 건강에 좋다. ··············· (　　　)
(76) <u>교장</u> 선생님께서 상장을 주신다. ··············· (　　　)

4 다음 漢字의 反對字 또는 相對字(상대자)를 골라 번호를 쓰세요.

(77) 昨 (　　) : ① 今　② 有　③ 主　④ 休
(78) 足 (　　) : ① 在　② 寸　③ 午　④ 手

5 다음 ( )에 들어갈 漢字를 <보기>에서 찾아 그 번호를 쓰세요.

<보기>
① 淸   ② 重   ③ 幸   ④ 地

(79) 千萬多(   )

(80) (   )風明月

6 다음 漢字와 뜻이 비슷한 漢字를 골라 그 번호를 쓰세요.

(81) 樹 (   ) : ① 光   ② 口   ③ 苦   ④ 木

(82) 圖 (   ) : ① 村   ② 畵   ③ 川   ④ 孝

7 다음에서 소리는 같으나 뜻이 다른 漢字를 골라 그 번호를 쓰세요.

(83) 旗 (   ) : ① 急   ② 記   ③ 區   ④ 言

(84) 童 (   ) : ① 名   ② 聞   ③ 郡   ④ 洞

(85) 弱 (   ) : ① 油   ② 度   ③ 藥   ④ 邑

8 다음 漢字語의 뜻을 풀이하세요.

<보기> 登山 : 산에 오름

(86) 軍歌 :

(87) 先後 :

9 다음 ㉠획은 몇 번째 쓰는지 아래에서 찾아 그 번호를 쓰세요.

① 첫 번째   ② 두 번째   ③ 세 번째   ④ 네 번째
⑤ 다섯 번째   ⑥ 여섯 번째   ⑦ 일곱 번째   ⑧ 여덟 번째
⑨ 아홉 번째   ⑩ 열 번째   ⑪ 열한 번째   ⑫ 열두 번째

(88) 秋㉠(   )   (89) 銀㉠(   )   (90) 夏㉠(   )

6급(5) 기출·예상문제 정답

1	공감	24	성공	47	병 병	70	內室
2	사용	25	설야	48	눈 목	71	天然
3	친서	26	평야	49	공 구	72	住所
4	입석	27	신체	50	볕 양	73	市場
5	작업	28	승운	51	무리 등	74	敎育
6	전선	29	정원	52	부을 주	75	小食
7	번호	30	해양	53	겉 표	76	校長
8	특별	31	용기	54	말미암을 유	77	① 今
9	창문	32	민족	55	때 시	78	④ 手
10	시동	33	교통	56	사랑 애	79	③ 幸
11	공사	34	모양 형	57	花草	80	① 淸
12	전신	35	아침 조	58	父母	81	④ 木
13	학습	36	따뜻할 온	59	方面	82	② 畵
14	산술	37	셈 수	60	每日	83	② 記
15	미남	38	필 발	61	生物	84	④ 洞
16	방화	39	잃을 실	62	事大	85	③ 藥
17	분속	40	마실 음	63	百年	86	군대에서 부르는 노래
18	석영	41	다스릴 리	64	農土	87	먼저와 나중
19	의복	42	사라질 소	65	老人	88	⑧
20	신록	43	셀 계	66	登山	89	⑨
21	의향	44	클 태	67	五色	90	⑧
22	본부	45	스스로 자	68	正直		
23	강자	46	법 식	69	安心		

부수자(部首字: 214자) 일람표(一覽表)

1 획
- 一 한 일
- 丨 뚫을 곤
- 丶 점 주
- 丿 삐칠 별
- 乙 새 을
- 亅 갈고리 궐

2 획
- 二 두 이
- 亠 머리부분 두
- 人亻 사람 인
- 儿 어진사람 인
- 入 들 입
- 八 나눌 팔
- 冂 멀 경
- 冖 덮을 멱
- 冫 얼음 빙
- 几 걸상 궤
- 凵 입벌릴 감
- 刀 칼 도
- 力 힘 력
- 勹 감쌀 포
- 匕 숟가락 비
- 匚 상자 방
- 匸 감출 혜
- 十 열 십
- 卜 점 복
- 卩㔾 병부절
- 厂 언덕 한
- 厶 사사 사
- 又 손 우

3 획
- 口 입 구
- 囗 에워쌀 위
- 土 흙 토
- 士 선비 사
- 夂 뒤져올 치
- 夊 천천히 걸을 쇠
- 夕 저녁 석
- 大 큰 대
- 女 계집 녀
- 子 아들 자
- 宀 집 면
- 寸 마디 촌
- 小 작을 소
- 尢 절름발이 왕
- 尸 누울 시
- 屮 싹날 철
- 山 메 산
- 巛 내 천
- 工 장인 공
- 己 몸 기
- 巾 수건 건
- 干 방패 간
- 幺 작을 요
- 广 집 엄
- 廴 연이어 걸을 인
- 廾 두손 공
- 弋 주살 익
- 弓 활 궁
- 彐 돼지머리 계
- 彡 무늬 삼
- 彳 걸을 척

4 획
- 心 마음 심
- 戈 창 과
- 戶 지게문 호
- 手扌 손 수
- 支 나눌 지
- 攴攵 칠 복
- 文 글월 문
- 斗 말 두
- 斤 도끼 근
- 方 모 방
- 无 없을 무
- 日 해 일
- 曰 말할 왈
- 月 달 월
- 木 나무 목
- 欠 하품 흠
- 止 그칠 지
- 歹 남은뼈 알
- 殳 창 수
- 毋 말 무
- 比 견줄 비
- 毛 터럭 모
- 氏 뿌리 씨
- 气 기운 기
- 水氵 물 수
- 火灬 불 화
- 爪 손톱 조
- 父 아비 부
- 爻 점괘 효
- 爿 조각 장

5 획
- 片 조각 편
- 牙 어금니 아
- 牛牜 소 우
- 犬犭 개 견

5 획
- 玄 검을 현
- 玉 구슬 옥
- 瓜 외 과
- 瓦 기와 와
- 甘 달 감
- 生 날 생
- 用 쓸 용
- 田 밭 전
- 疋 발 소
- 疒 병들 녁
- 癶 걸을 발
- 白 흰 백
- 皮 가죽 피
- 皿 그릇 명
- 目 눈 목
- 矛 창 모
- 矢 화살 시
- 石 돌 석
- 示 보일 시
- 禸 짐승발자국 유
- 禾 벼 화
- 穴 구멍 혈
- 立 설 립

6 획
- 竹 대 죽
- 米 쌀 미
- 糸 실 사
- 缶 장군 부
- 网罒罓罓 그물 망
- 羊 양 양
- 羽 날개 우
- 老 늙을 로
- 而 말이을 이
- 耒 쟁기 뢰
- 耳 귀 이
- 聿 붓 률
- 肉⺼ 고기 육
- 臣 신하 신
- 自 코 자
- 至 이를 지
- 臼 절구 구
- 舌 혀 설

- 舛 어그러질 천
- 舟 배 주
- 艮 괘이름 간
- 色 빛 색
- 艸艹 풀 초
- 虍 범무늬 호
- 虫 벌레 충
- 血 피 혈
- 行 다닐 행
- 衣衤 옷 의
- 襾 덮을 아

7 획
- 見 볼 견
- 角 뿔 각
- 言 말씀 언
- 谷 골 곡
- 豆 콩 두
- 豕 돼지 시
- 豸 사나운짐승 치
- 貝 조개 패
- 赤 붉을 적
- 走 달릴 주
- 足 발 족
- 身 몸 신
- 車 수레 거(차)
- 辛 매울 신
- 辰 별 진
- 辵辶 갈 착
- 邑 고을 읍
- 酉 술 유
- 釆 분별할 변
- 里 마을 리

8 획
- 金 쇠 금
- 長 긴 장
- 門 문 문
- 阜 언덕 부
- 隶 미칠 체
- 隹 새 추
- 雨 비 우
- 靑 푸를 청
- 非 아닐 비

9 획
- 面 낯 면
- 革 가죽 혁
- 韋 다룸가죽 위
- 韭 부추 구

- 音 소리 음
- 頁 머리 혈
- 風 바람 풍
- 飛 날 비
- 食 밥 식
- 首 머리 수
- 香 향기 향

10 획
- 馬 말 마
- 骨 뼈 골
- 高 높을 고
- 髟 털늘어질 표
- 鬥 싸울 투
- 鬯 기장술 창
- 鬲 오지병 격
- 鬼 귀신 귀

11 획
- 魚 물고기 어
- 鳥 새 조
- 鹵 소금밭 로
- 鹿 사슴 록
- 麥 보리 맥
- 麻 삼 마

12 획
- 黃 누를 황
- 黍 기장 서
- 黑 검을 흑
- 黹 바느질할 치

13 획
- 黽 맹꽁이 맹
- 鼎 솥 정
- 鼓 북 고
- 鼠 쥐 서

14 획
- 鼻 코 비
- 齊 가지런할 제

15 획
- 齒 이 치

16 획
- 龍 용 룡
- 龜 거북 귀

17 획
- 龠 피리 약